はじめて読む人の「大学」講座

Ishii Isao
石井勲

致知出版社

はじめに

これまで本を読んでいて動悸がしたことは数えるほどしかない。その数少ない一冊が藤尾秀昭・著『安岡正篤　心に残る言葉』（致知出版社）である。その中にこんな一文があったのだ。

「私は知りませんけれど、松下政経塾では古典の素読はなかったのではないでしょうか。今、松下政経塾の出身者が政治の中枢にいるだけに、そのことを日本のためにも残念に思っています」

松下幸之助は生前、二つの全寮制の人材養成機関を設立した。松下商学院と松下政経塾である。その松下商学院にあって松下政経塾に無いもの。それが毎日の古典の素読で、松下政経塾にはそれがなく「残念」とまで言われているのだ。

松下幸之助は昭和四十五年に松下電器販売店の後継者育成の目的で松下商学院を設立した。その時、松下は安岡正篤師からアドバイスを受けている。それは「寝食を同じくする塾方式」にし、「古典を原典で教える」ということであり、この二つがないと本物の人物は作れないということであった。

松下政経塾でも石井勲先生、小島直記先生、新井正明先生の講義などで、古典を原典で学んでいた時代があった。しかし、毎日の古典の素読はなかった。

私は塾頭を拝命し、二度、塾生たちと一緒に松下商学院で一日体験をさせていただいた。

松下商学院では毎朝五時五十五分に起床し、ランニング、朝食、掃除をする。ここまでのプログラムは松下政経塾と同じである。しかし、ここからが違う。八時二十分に全員が講堂に集合し、教官の先唱で古典の素読が始まるのである。素読の内容は、『大学』『論語』『孟子』であった。

松下商学院の卒業生に、在学中に何が一番良かったかと聞いてみると、「古典の素読が一番」とのことであった。松下幸之助が経営を成功させるうえで大事にした三つのことと言えば、「信用を得ること」「ファンを作ること」「自然の理法に従うこと」であるが、これは正に『大学』の三綱領で説かれている「明徳を明らかにする」「民を新たにする」「至善に止まる」ことに他ならない。これらの哲学を自らの血肉とするには、毎日、素読をするのが最良の方法だったということであろう。

松下政経塾もそうありたいと願ったが、私の力不足もあって、いまだ毎日の古典の素読は習慣化できていない。しかし、この度、松下政経塾で行われた石井勲先生の『大学』講義録が、杉本哲也塾員の協力を得て書籍化されることになった。人材養成に携わる者として、本書が人物をつくる書籍と評価され、洛陽の紙価を高むることを大いに期待している。

令和五年十二月吉日

松下政経塾　塾頭　　金子一也

はじめて読む人の「大学」講座＊目次

第三章　自らを慎む

第四章　修身の実践

第五章　人材登用と国家運営の根本

装　幀――スタジオファム
編集協力――柏木孝之

第一章　『大学』と四書五経

四書五経の来歴

『大学』『論語』『孟子《もうし》』『中庸《ちゅうよう》』、この四つを昔から四書といいまして、学問といえばまずこの四書から始められたものです。ですから明治の志士に至るまで四書を読まない人間はいなかった。四書というものによって人間がつくられていったわけですね。つまり、この四書というのは人間をつくるのに非常に有意義な書物だったんです。

この四つの書物が四書と呼ばれるようになったのは、あの有名な朱子学の開祖であるところの朱子が学問のよりどころにするということを始めたからです。

どうしてそういうことになったのか。儒教というものは孔子を始祖といたしますが、その学問は孔子から曾子《そうし》に伝わり、この曾子から孔子の孫の子思《しし》に伝わり、それから子思から孟子に受け継がれたと朱子は考えたんです。朱子は宋代の学者ですけれど、この孔子の学統というものは、孟子からずっと時を経て程明道《ていめいどう》（程顥《こう》）と程伊川《いせん》（程頤《い》）の程氏兄弟に伝わり、それからこの自分、朱子に伝わってきたんだという具合に論じたわけです。

四書の一つの『論語』は孔子の言行を記したものです。孔子および孔子の門下の言行録ですね。そして、曾子の書いたものが『大学』であり、子思の書いたものが『中庸』――これには異論もありますけれども――であり、孟子の言行録を書いたものが『孟子』です。この『論語』『大学』『中庸』『孟子』の四つの書物を朱子は四書と名づけたんです。

孔子の時代に「書」といえば、これは「歴史」のことでした。当時のそれぞれ王室に残されているところの記録です。昔は書物といえばそれ以外になかったわけですね。後には史記という名前で呼ばれるように、史という分類ができましたけれども、昔は史といわずに「書」といいました。

これを貴んで「尚書」ともいいます。これが後に『書経《しょきょう》』と呼ばれます。この孔子の時代は、「書」と並んで「詩」というものが文章として残っています。これが後に『詩経』と呼ばれる。「経」というのは、仏教でいうお経・経典というような意味で、「古典」を意味しています。ケイとかキョウと読むものには古典という意味があるんです。非常に大事な立派な尊い書物という意味で、「経」という字がつくわけですね。

これが五つありますから、これを四書に対して五経といいます。あるいは五経に一つ加えて六経《りっけい》と呼ぶこともあります。五つのときは五経と呼びますけれども、六つのときにはこの六を「リク」と読み、経を「ケイ」と読んで六経といいます。これは詩（詩経）・書（書経）・礼（礼記）・楽（楽記）・易（易経）・春秋の六つをいっています。『春秋』というのは「書」の一つです。『書経』は王家の歴史ですけれど、『春秋』は孔子の生まれた魯《ろ》の国の歴史を書いています。つまり魯の書を『春秋』というんです。それから孔子が大変晩年に好んで、韋編《いへん》三度《みたび》絶《た》つ（孔子が易を熟読し韋編が三度も切れたという『史記』「孔子世家」にある故事）といわれたのが易。これに経をつけて『易経《えききょう》』と呼びます。それから『礼記《らいき》』と『楽記』という書物は「経」ではなく記録の「記」という字がつきます。『詩経《しきょう》』『書経』『礼記』『楽記』『易経』に『春秋』を加えたものが六経です。そのうち『楽記』は『礼記』の中の一篇を独立させたものですから、詩・書・礼・易・春秋を五経といいます。

これが孔子の学問です。孔子の学問を儒学と呼びます。儒と教えという字を使って儒教という言い方をすることもありますが、学問としては儒学です。その儒学を専攻する学者のことを儒学者あるいは儒者というように呼びます。

朱子学と陽明学

中国ではこの孔子の学問が最も貴ばれました。宋代には朱子という大学者が現れ、一つ飛んで明の時代になりますと、王陽明という学者が現れました。王陽明は、朱子の学問は昔の正しい姿が失われ過ぎているといって朱子学を攻撃して、陽明学という学問を立てました。

この朱子学と陽明学はともにわが国に入ってきましたが、朱子学のほうが古いものであり、ことに徳川家康が藤原惺窩《せいか》という儒学者を呼んでこの学問を盛んにしたため、徳川時代の学問は朱子学が盛んになりました。しかし、陽明学もかなり盛んでしたし、その他いろいろな流派が徳川時代には盛んになりました。その学問の深いことにおいては本家の中国に劣らないくらい立派になって、徳川から明治時代に受け継がれてきました。

しかし、明治以降、儒学は衰える一方で、現在では古典が講ぜられることはだんだん少なくなってきております。これは非常に寂しいことです。なぜそうなったかというと、明治以後、ヨーロッパ風の学問が起こり、徳川時代まで行われていた学問がガラッと変わってしまったからです。

『論語』は幼児期にやるのが一番いい

私は別に徳川時代の学問のあり方が良かったとはちっとも思っていなかったのですけれども、たまたま幼児教育に携わっている間に、だんだんこの徳川時代の学問のあり方というのが素晴らしいもんだなということがわかってきました。たとえば吉田松陰の伝記をお読みになればわかると思いますが、『大学』などはおそらく三歳ぐらいでやったものと思われます。とにかく七、八歳の頃はもう四書はもちろん、もっともっと後半に学問が及んでおります。

これは吉田松陰に限りません。あの時代は、学者ばかりではなくて普通の人たちでも大体三歳ぐらいからこういう学問を始めたわけですね。湯川秀樹先生の自伝記録である『旅人』という書物がありますが、あれを読みますと、三歳になった最初の正月に、お父さんがそのまたお父さんに向かって「秀樹もそろそろお願いいたします」と頭を下げて、『大学』の講義が始まったようです。

実は私も最近それを試みているわけです。そうしますと三歳頃の子どもは覚えてすぐに読めるようになるんですね。皆さんがやるよりも、もっと楽にやるんです。皆さんの場合は苦しんでやらなければならないところがあるけれども、三歳ぐらいの子どもはちっとも苦しまない。遊びの一つのようにやれるんですね。

『プレジデント』という雑誌の中で、山本七平さんが「二十歳ぐらいのときに『論語』をやったって本当の良さはわかるはずない。あれは四十歳過ぎなければわからない」というようなことをいっています。二十歳ぐらいのときにやるからなんにもならない。そうハッキリといっていませんけれども、結局そういうことなんですね。

ですから昔は幼児のうちにやったんです。幼児期というのはなんでも面白くやれるから、わからなくても面白い。ところが、二十歳の青年はわからないものを面白くやれないわけですね。本当の良さがわかってそこでやる気が出るわけですから、『論語』とは人生の大変な時期、生きるか死ぬか、勝つか負けるかというような中でやると、本当の良さがよくわかってくるんです。

ところが、その頃は残念なことに忙しくて『論語』なんて読んでいる暇がない。そういう意味で、幼児期に『大学』から始まって『論語』『孟子』というようなものを頭の中に入れておくと、生活の中で「『論語』でこういっているのはこれだな」ということが出てくる。だから『論語』というものは幼児期にやるべきなんです。徳川時代の学問というのは、そういうやり方をしていたわけですね。

学習と勉強はどこが違うか

『論語』の冒頭に「学んで時に之を習う。亦《ま》た説ばしからずや」とあります「学習」

という言葉は、『論語』の冒頭のこの句から作られた言葉です。そういう古い由緒ある言葉なんですね。

学習というのは、この上もない喜びを人間に感ぜしめるものです。ところが今はそうじゃないですね。学習っていうものは、大学へ入るためにやむを得ずして、苦労して我慢してやるのだというふうになっているんじゃないでしょうか。ですから、大学へ入るまでは学習をするけれども、大学へ入った途端に学習しない。これは学習とはいわない。そういうのは勉強というんです。事実、今、親や教師は「勉強せい、勉強せい」というわけですね。嫌なことを我慢してやるのが勉強というのですから、その通りなんです。

「勉」という字は「力《つと》めて免れる」と書きますね。つまり、責任上やらなければならないことだから嫌だけれどもやらざるを得ないといって努力してやる。そして「強」というのは「しいる」というように、強いてやるわけですね。だから親も「勉強せい、勉強せい」というわけです。勉強というのは嫌々やるものなんですね。

ところが学習はそうじゃない。学んで習うということは、この上ない喜びを感じさせるものなんです。だから、勉強させちゃだめ。教育というのは勉強させることじゃない。学習させるのが教育なんですね。

学習とは何か。一番はこの喜びの発見ですね。寺田寅彦先生のいう「発見の鋭い喜び」を知らせることだと思います。そのためには、やたらに詰め込んではいけない。じっと待ってやる。そして、発見したときに、「良いところに気がついた」と褒める。それは孔子の「憤せざれば啓せず、悱《ひ》せざれば発《はっ》せず」という教え方です。そういう指導をすれば、学習することは楽しくて楽しくて仕方がないように思うわけです。

私は教育というもののあり方を国民全体で考え直さなければいけないのではないかと思うのですけれども、なかなかそこのところを考えてくれない。非常に残念です。それで私は、二十一世紀のこの世界を背負って立つ皆さんに、このことをぜひ知っていただきたいんです。

教育というものは改革されなきゃいけないと思います。楽しんでやらなきゃいけないんです。学問ってものは元来、楽しいものなのです。それを楽しくないものにさせるなんてことは本当にいけないことですね。それは学問を勉強にしているからです。勉強が楽しいはずはないんです。勉強という字がもうそのことを明瞭にしています。

教育こそは日本をよくする。日本をよくするというのは世界をよくする。教育がその基本の基本なんです。『大学』でいう「其《そ》の本《もと》乱《みだ》れて末《すえ》治《おさ》まる者は否《あら》ず」ということが一番の本になるんです。その本が立たないから、末である国がちっとも良くならないんですね。「其の本乱れて末治まる者は否ず」と、はっきりいっています。これは曾子の教えということになっておりますけれど、もちろんの孔子のいったところの精神です。それをこういう一冊の体系的な本にしたものが『大学』なんです。

第二章

三綱領と修己治人

為政者の道を説く『大学』の三綱領

さて、これからやる『大学』という書物は、四書の中で一番最初に学ぶ書物として子思は採り上げています。この四書の学習の仕方では、まず『大学』をやって、次に『論語』をやって、それから『孟子』をやって、最後に『中庸』で結ぶ。これが一番良い順序だとされております。そういう意味で、学習は『大学』から始まるわけです。早速読んでみましょう。

大学《だいがく》の道《みち》は、明徳《めいとく》を明《あき》らかにするに在《あ》り。民《たみ》を親《あらた》にするに在《あ》り。至善《しぜん》に止《とど》まるに在《あ》り。

ここにある「**民《たみ》を親《あらた》にするに在《あ》り**」は、王陽明学派では「民に親《した》しむに在り」と読んでいます。朱子はこれを「親しむ」ではなく「親《あらた》」と読みなさいといったんです。中国人は日本人と違って、音が同じだと大胆に当て字をします。日本人がこんなことをすると「あいつは無学だ」ということになりますけど、中国人は無学でやるわけではないんですね。音が同じだと平気で当て字を使う。もちろんこの「親」という字と「新」という字は意味が違います。意味は違うんだけれども、中国人は意味の代わりに同じ音の字を代用させる。だから「親」の代わりに「新」を代用させるというようなことはよくやります。

「親民」という言葉は「親」という字を使ってあるけれども、「新民」という意味でいっておかなければいけないというのが朱子学の考え方です。朱子の学問の系統の学者はそういう具合に読んでいます。一応、私は朱子の読み方に従ってやりたいと思いますので、ここでは「民を新《あらた》にするに在り」と読みます。

「**明徳《めいとく》を明《あき》らかにするに在《あ》り。民《たみ》を親《あら》たにするに在《あ》り。至善《しぜん》に止《とど》まるに在《あ》り**」を『大学』の三綱領といいます。この三つが「大学の道」だと説いているわけです。しからば「大学の道」とはなんぞやということです。『大学』とは、大いなる学問です。大いなる学問の道とは何かというと、それは「経世済民」の道です。

今の「経済」という言葉は政治経済というように、政治と対比させて使いますけれども、経済という言葉は政治という言葉は全く同じなんですね。経済は「経世済民」を省略した言葉です。「経世」というのはこの世界を経営することで、「済民」というのは人民を救済するということ、国民の生活を安定させるということです。ですから、昔からこの「経世済民」つまり経済という言葉は政治と同義に使っているわけです。

これが為政者たるべき道なんです。この世の中をうまく運営し、国民を幸せにするために指揮を振るう。これが経世済民の中身ですけれども、それを実践するために必要な学問、それが『大学』です。そして、この大学の道は「明徳を明らかにするに在り。民を親にするに在り。至善に止まるに在り」という三つにあるわけです。

経世済民の学問は三段階に分かれる

まず第一番目は「明徳を明らかにする」ことだという。明徳とは明らかなる徳とありますね。徳というのは、自分が実践することによって身につけるもの。実践することによって身についてくるところの知恵です。知識じゃありませんよ。知恵です。それが明徳ですね。それをますます明らかにする。もうこれで十分だというんじゃないんです。その明徳に磨きに磨きをかけて自分をさらに向上させる。これが第一点。これは為政者たらんとする者がそうしなければいけない。

ちょうど皆さんは今、経世済民の志を持って世に立つ準備をなさっているわけですね。まさに大学の道を学ばんとしているわけです。それは実践によって知恵をつけるということです。そして、それにますます磨きをかけていくということです。それが第一。つまり「大学の道は明徳を明らかにするに在る」ということです。

第二番目に「民を親にするに在り」。自分が磨かれて立派になって、そして政治を行うというと、国民も自然に良くなるわけです。それが「民を親にする」ということです。為政者は自分だけが良くなったってだめなんですね。為政者が立派になるということは、国民を立派なものにするということが一番の目的です。ですから順序からすると、まず為政者自身が立派になる。次に国民がそれによって感化されて立派なものになっていく。これが第二段階です。

そして第三段階は「至善に止まるに在り」。第二段階まで向上していくことは易しいんです。でも、よく至誠の道は難しいっていうでしょう。それがこの「至善に止まる」ということです。つまり、理想の段階に到達して、それを失わない。後退させちゃいけないわけです。それが難しいんですね。失わないように努力する。それが「至善に止まる」ということです。

ですから、この三綱領は為政者の目標を三段階に分けたわけです。第一番目は、自分自身が「明徳を明らかにする」ということ。それから続いて、それが国民に及んで「民を親にする」ということになり、それを今度は保持し続けて後退させない努力をする。それが「至善に止まる」ということです。

いいかえると、大学の道、つまり経世済民のための学問のあり方は、第一には為政者が身に養い得た明徳をますます明らかにすべく努力すること、第二は為政者の明徳が民衆に感化を及ぼし、民衆が自然と発奮向上してやまないようになること、そして第三には為政者も民衆もともにその理想とする道徳目標に到達して、それをずっと守り通すこと。この三つであるということなんです。

政は正なり

「其の身正しければ、令せずして行われ、其の身正しからざれば、令すと雖《いえど》も従わず」という言葉が『論語』にあります。また「政《せい》は正《せい》なり」、政治とは正しいことなんだともいっています。「政」という字の攵《ぼくにょう》というのは、何かを持った形です。これは指導者が持つ、いわば指揮棒にあたります。これが子どもに向かえば「教」ということになります。その指導が国民に向かい、民衆を正しきほうに導くということが政治の「政」という字の本義です。ですから孔子は「政とは正なり」政治というのは正義だというふうに説いているのです。

その正しいというのはどういうことかというと、為政者が自分の身を正すということです。「其の身正しければ、令せずして行われ、其の身正しからざれば、令すと雖も従わず」というのは、為政者の姿勢が正しければ黙っていても国民は良くなるし、為政者が不正なことをやっていれば、いくら国民に正義を要求したってそんなものは通らないということなんです。したがって、この明徳を明らかにするというのが大学の道の第一の基本になる。これがよくできれば自然に民も良くなるわけです。

その民が良くなるというのが「親民」です。「民を親にするに在り」ためには、為政者が正義を行って、それが民衆に感動を与えるぐらいでないといけない。感動を与えるぐらいに正しきことを行うならば、これはもう自然と国民が良くなっていく。それを「親民」というのです。

そしてそれをずっと守り通すということが「至善に止まる」ということです。しかし、誰でも努力をすれば時にはそういうことができますけれども、これを通してやるというのはなかなか大変なことです。

孔子の弟子の中でも最も学を好むといわれた顔回は、「子曰く、回《かい》や其の心三月《さんげつ》仁に違《たが》わず。其の余《よ》は、則ち日月《じつげつ》に至るのみ」と孔子がいったように、三か月くらいは「至善に止まる」状態を続けました。ところが、その他の者は、「日月に至る」と。ある日の姿を見れば、まさに至善に止まっていると見える非常に立派な感心させられるような行動があるけれど、それが二日三日ともたない。これが普通なんです。

孔子が「七十にして心の欲するところに従えども矩《のり》を踰えず」といったのは、この「至善に止まる」という状態を指しています。しかし、孔子が「七十にして」というのですから、これはなかなか難しいことだと思います。しかし、為政者たるものはそれでなくちゃいかんということです。

立派な為政者は過ちを隠さない

『論語』に「子貢曰く、君子の過ちや、日月の食の如し。過つや人皆之を見る。更《あらた》むるや人皆之を仰ぐ」という言葉があります。立派な為政者の過ちは日食や月食のようなものだ、と。太陽や月だって欠けて真っ暗になることがあります。それと同じように、どんな立派な為政者でも、時には失敗することもある。誘惑に陥って間違ったことをやらないとも限らない。しかしながら、それは「日月の食の如し」ですから、すぐに元に戻らなくてはいけない。暗くなりっぱなしではだめなんです。

そのためには絶えずわが身を反省して、しかも、それを隠してはいけない。為政者は国民の前に自分の間違いを隠したり、「こういうわけだ」と弁解をするようなことをしてはならんというわけです。もう明らかに、誰にもわかるようにしなくてはいけない。日食になると真っ暗になるから誰だってわかりますね。そのように、過ちは過ちであったとはっきり認めて、そして国民に謝罪する。そうすれば国民は納得するんです。日食がほどなく元通りになれば、人々はまた太陽が輝くのを仰ぎ見るわけです。

この「大学の道は明徳を明らかにするに在り。民を親にするに在り。至善に止まるに在り」という三綱領はそういう関係がありますので、よく理解しておいてもらいたいと思います。まず、為政者が立派になる。そして、民衆を感化して立派にする。それをできるだけ守り続ける。そして時には踏み外すようなことがあったにしても、とにかくそれを守り続けるように努力する。これが一番大事なことであるというわけです。

目標をしっかり掴む

止《とど》まることを知《し》って而《しか》る后《のち》に定《さだ》まること有《あ》り。定《さだ》まって而《しか》る后《のち》に能《よ》く静《しず》かなり。静《しず》かにして而《しか》る后《のち》に能《よ》く安《やす》し、安《やす》くして而《しか》る后《のち》に能《よ》く慮《おもんぱか》る。慮《おもんぱか》って而《しか》る后《のち》に能《よ》く得《う》。

まず究極の目標・理想というものを掴《つか》むということを確認する。それが「**止《とど》まることを知《し》る**」ということです。認識すること、その究極の目標を捉えるということです。そうすると「**定《さだ》まること有《あ》り**」。つまり、心が安定するわけですね。迷いがなくなる。ああしようかどうしようかと迷っているのは目標がないからです。目標がはっきりと掴めていないからです。

皆さんだって究極の目標を掴まえておれば迷いはないです。迷うということはつまり、究極の目標がわかっていないということ。「止まることを知る」というのは、そういうことです。目標が掴めれば迷いがなくなるから安定するんです。

「**定《さだ》まって而《しか》る后《のち》に能《よ》く静《しず》かなり**」。静かというのは動揺しないということ。自分では安定していたつもりでも、何かちょっとした事件があったりすると「はてな？　俺はこんなことでいいんだろうか」なんてグラグラするのは、心に動揺があるということです。これは結局、安定していないということですね。安定すれば、つまり目標がちゃんと掴めて、迷いがなくなって、心が安定すれば、何があったって動揺することがなくなる。

「静《しず》かにして而《しか》る后《のち》に能《よ》く安《やす》し」とは、本当に迷いなく、一途に目標に突き進んでいくことができる。「定まる」とか「静か」とか「安し」というのは、実をいうと大体みんな同じことです。迷いがなくて、少々のことがあっても心が動揺しないという状態。それができて**「而《しか》る后《のち》に能《よ》く慮《おもんぱか》る」**というわけです。

物事を考える場合には、ちょっとしたことで動揺するような時期には、いくら学問をしても深まりません。この「慮」という字は学問を深める、つまり大いに思考を重ねるという意味です。「慮」という字は、虎冠に「思う」という字がついていますように「思考する」ことです。十分な思考というものは、心に迷いや動揺があってはできないわけですね。心に迷いなくしっかりと定まれば、自然と深い考察ができる。そうすれば**「能《よ》く得《う》」**で目的を達することができるというんです。

ですから、まず目標をしっかり掴まえることです。その目標は、先に述べたように明徳を明らかにするということから始まって、民を新たにし、至善に止まるという究極の目標です。これをはっきりと認識し、その目標に向かって一途に邁進すれば、必ずそういう境地に到達できるということを述べております。「**慮《おもんぱか》って而《しか》る后《のち》に能《よ》く得《う》**」。学問の道というのは難しいものです。難しいけれども順序を追ってやれば必ず達成できるということなんです。

物には順序、事には始めと終わりがある

物《もの》には本末《ほんまつ》有《あ》り。事《こと》には終始《しゅうし》有《あ》り。先後《せんこう》するところを知《し》れば則《すなわ》ち道《みち》に近《ちか》し。

さらに「**物《もの》には本末《ほんまつ》有《あ》り。事《こと》には終始《しゅうし》有《あ》り**」。これは物事とくっつけて考えればいいわけです。「**物**」というのは具体物を指します。つまり我々が目で見、手で捉える

ことができるものは、すべて物といいます。「**事**」というのはそうではない抽象的な事柄をいうわけです。よく「物事」といいますが、これは、目で見ることができる具体物と目では見ることができない抽象的な現象・事象を表しているわけです。

ですから、物といったから「**本末**」本と末があるといっているんです。物には順序があるということです。事といったから「**終始**」始めと終わりがあるといったわけです。たとえば、事件というのは事柄ですから「事」に入ります。だから、事件には起こりがあって終わりがあるわけですね。

その「**先後**《せんこう》」後先をちゃんとわきまえると、「**道**《みち》**に近**《ちか》**し**」まずまず達成できるということです。この「近し」というのは、「**当**《あ》**たらずといえども遠**《とお》**からず**」ということです。外れても、つまり目的が達成されないにしても、その近くへ行くことができる。

物の道理を把握する

古《いにしえ》**の明徳**《めいとく》**を天下**《てんが》**に明**《あき》**らかにせんと欲**《ほっ》**する者**《もの》**は、先**《ま》**ず其**《そ》**の国**《くに》**を治**《おさ》**む。**

其《そ》の国《くに》を治《おさ》めんと欲《ほっ》する者《もの》は、先《ま》ず其《そ》の家《いえ》を斉《ととの》う。
其《そ》の家《いえ》を斉《ととの》えんと欲《ほっ》する者《もの》は、先《ま》ず其《そ》の身《み》を修《おさ》む。
其《そ》の身《み》を修《おさ》めんと欲《ほっ》する者《もの》は、先《ま》ず其《そ》の心を正《ただ》しくす。
其《そ》の心を正《ただ》しくせんと欲《ほっ》する者《もの》は、先《ま》ず其《そ》の意《い》を誠《まこと》にす。
其《そ》の意《い》を誠《まこと》にせんと欲《ほっ》する者《もの》は、先《ま》ず其《そ》の知《ち》を致《いた》す。
知《ち》を致《いた》すは、物《もの》に格《いた》るに在《あ》り。

「**古《いにしえ》の明徳《めいとく》を天下《てんか》に明《あき》らかにせんと欲《ほっ》する者《もの》**」とは、つまり最初にあった大学の道の綱領を天下に明らかにしようとする者、要するに為政者です。為政者は、「**先《ま》ず其《そ》の国《くに》を治《おさ》む**」。天下を平らにするということよりも、それに先だって自分の手近な国をよく治めたものである、と。

また、自国をよく治めた者は、それに先立って自分の家をよく治めている。自分の家が治まらないうちに、自分の国が治まるはずがないといっているんです。

そしてまた、自分の家をよく治めた者は、その前に自分の身をよく修めている。

自分の身をよく修めた者は、その前に自分の心を正しくするということに努めている。

心を正しくするということに努めた者は、まずその前に自分の心の動きを誠実にすることに努力している。

心の動きを誠実にすることに努めた者は、「**其《そ》の知《ち》を致《いた》す**」。万事万物についての知識を充実することに努めている。

そして「**知《ち》を致《いた》すは、物《もの》に格《いた》るに在《あ》り**」。その知識を充実するためには、万事万物について直接体験的に探求し、そこに潜む真理の把握に努めることが必要である。

「**物《もの》に格《いた》るに在《あ》り**」という読み方をするのは、朱子学です。王陽明は「**物《もの》を格《ただ》す**」と読んでいます。音で読めば格物《かくぶつ》という言葉ですが、「**物《もの》に格《いた》る**」という朱子と、「**物《もの》を格《ただ》す**」という王陽明の読み方があるわけです。今回は朱子学で通しますから、「**物《もの》に格《いた》るに在《あ》り**」と読んでおきます。

「意」というのは、心が動くときにそれを「意」といいます。「意」という字には「音」という字が入っています。この「音」というのは「声」を表しています。つまり、意思表示です。心から声が発するわけです。それは心が発動したことを意味します。心が動くんですね。その動く本体を心というわけです。

「心」というのは、心臓の形を表した字です。心臓の鼓動が止まりますと人間の命が失われますから、昔の人は、人間の精神というのは心臓に宿っているものと考えました。ですから、物としては「心」であり、事としては「意《こころばせ》」の働きを示す。その我々の精神活動をするところの「意を正しくする」というのは「至善に止まる」ということでもあるわけです。

「正」という字は、「一に止まる」と書きますね。止まるべきところに止まる。それが「正」です。止まるべきところを「正」というわけです。

　前のところに「止まることを知って然る后に定まること有り」とありましたけれども、「定」という字は「正」に宀（うかんむり）がついています。定を「テイ」と発音するのは、正の「セイ」がなまったものです。正と定は相通ずるところがあって、「セイ」と読むものは「テイ」と読むし、「テイ」と読むものは「セイ」と読む。そういう使い方はいくらでもあります。

ここの関係はおわかりですね。「物には本末有り。事には終始有り」というのだから、「天下を平らかにせんと欲する」ためには順序があるというわけです。始めがあり、終わりがある。この「明徳を天下に明らかにする」というのは、これは事の最後、終ですね。「事には終始有り」の一番最後のところにあたります。

ところが、世の中には自分の身も修まらないうちに、いきなり飛び越えて、世界平和のためになんていって騒ぐ者がいます。こういう者は先後するところを知らないんです。だから、成功するはずがない。事には終始があり、物には順序がある。だから「古の明徳を天下に明らかにせんと欲する者」は、その前に自分の国を立派にすることに努める。自分の国も良くならないうちに人の国が良くなるはずがないんです。

そして、自分の国を良くするためには、まず自分の身を完全にすることに努力していく。その身をまず修める。自分の身を立派にして、誰からも「あの人は立派だ」「あの人のいうことは間違いがない」といわれるようになれば、自然に人はついてくるし、国も自然に治まってくるでしょう。

しからば身を修めるとはどういうことなのか。それが一番の初めなのかといえば、本には本だけれども、その前にすることがあります。それは心を正すということです。

しかし、それにはまだ先があるんですね。まず人間の心の動きというものを誠にするということに努めなければいけない。

誠実であるためには、愚かではだめですね。愚か者の誠実というのは誠実とはいえないということなんです。本当に知恵があって初めて知者であって、初めて他人に利益のあるようなことができる。

愚か者は往々にして善意の迷惑を与えます。いかに善意であっても、人に迷惑を与えるというのは決して良いことではないですよね。「善人の罪を償う」といった人がいます。悪意を持っていなくて迷惑になるということは本当に困るんです。悪意を持っていれば払えばいいんですけれど、善意を持ってきて、しかも迷惑だと。これは困ります。

この善人の罪というのと同じように、愚者の愚かならんがために、善意はあるんだけれども間違ったことが行われることがある。知を磨くということ、学問をするということが非常に大事だというのはそこなんですね。

では、「知を致す」にはどうするかというと、それは「格物」だということですね。この格物、「物に格る」ということですけれども、それは直接体験をするということ。

物そのものを本当に究明するんです。そして、その物その物に住んでいるところの真理を掴む。つまり物理です。物には一つの道理がありますから、その道理というものを把握する。そうすると物の判断が正しくできるようになるということなんです。

格物というのは、私も陽明学の王陽明の解釈ははっきりと知らないんですが、ただ日本の陽明学者は格物を「物を格《ただ》す」と読んでいます。だけど、これは「物に格《いた》る」と読み方を変えても、私には同じように思えるんです。

この本は朱子が編集したものに従って書いてあります。陽明学は「古本大学」というものをテキストに使いました。「古本大学」というのは『礼記』の中にあります。詩・書・礼・楽・易・春秋の五経の一つの『礼記』という書物の中に「大学」という篇があるんです。その古いものに従ったものですから、それを王陽明は「古本大学」と呼んでいるわけです。

それに対して、朱子のほうは「大学章句」と呼んでいます。そして、それは「古本大学」とは順序が変わっています。そして朱子は自分なりに「親民」を「新民」に変えて「民を新《あら》たにする」というように読みました。それに対して王陽明は、「親《しん》」は「親しむ」という字だから「民に親《した》しむ」と読まなければいけないといいました。ですから、王陽明は朱子のやったことに対して非常に批判的なところがあるんですね。

ところが、中国の人というのは、我々のようにあまり字そのものの本義にとらわれないんです。音が似ておればどんどん大胆に使うわけです。

たとえば、孟子に「孟子曰く、今、無名の指、屈して信《の》びざる有り。疾痛して事に害あるに非《あら》ざるなり。如《も》し能く之を信はず者有らば、則ち秦楚《しんそ》の路《みち》も遠しとせず。指の人に若《し》かざるが為なり。指の人に若かざるは、則り之を悪《にく》むことを知る。心の人に若かざるは、則ち悪むことを知らず。此れ之を類を知らずと謂ふなり」とあります。

皆さん、読んだことありますか？「無名の指」というのは「薬指」です。この薬指が曲がったきり伸ばすことができない。そういう人間があったとすると、と孟子は仮定しているんですね。そして、「この薬指が曲がったまま伸びない人間があったとすると仮定して、これを伸ばしてくれる人間があれば、みんな千里の道を遠しとせずして行くだろう。ところが人間は、心がねじ曲がっていても、その心をまっすぐにしようともしない。一体この指と精神と、どちらを重んじているのか」と孟子らしい論法で説いていきます。

そこに「無名の指、屈して信《の》びざる有り」と「信」という字が使われています。この「信」は「誠」という意味です。「人」と「言」という字が「信」ですから、人間の言葉というものは嘘偽りがあってはならないというのが「信」という字の意味です。ですから、これに「伸びる」という意味はあるはずはない。

中国人は、音が同じ漢字であれば非常に大胆に使う。日本人のように当て字を嫌わない。日本人は非常に嫌いますね。私も正しい字を使いたいので、孟子のように「屈して信《の》びざる有り」なんて、「伸」の意味に「信」を使うなんて気持ち悪くていられません。ですから、漢字の用法に対して確かに日本人は厳しいのです。

「伸」の意味に「信」を使うように字を代用することを仮借《かしゃ》といいます。「かしゃく」と読まずに「かしゃ」と読む。そして、そういう用法による字を仮借字といいます。「釈迦」というのもインドの言葉である「シャーカ」という発音をそのまま音で表したものです。「釈迦」は仮借字ですから、「釈迦」という字に意味はありません。音だけを借りてくるわけですね。

しかし、人間の思想を正確に表すには曖昧なことをやってはいけません。中国のようなことやっておったのでは、やはり学問は発達しないと思います。ああいうようないい加減な言葉の使い方をしたのではだめです。この字はこういう使い方をするという定義をはっきりとして、勝手な流用の仕方はしないようにしないといけないと思います。

逆もまた真

物《もの》格《いた》って而《しか》る后《のち》に知《ち》至《いた》る。知《ち》至《いた》って而《しか》る后《のち》に意《い》誠《まこと》なり。意《い》誠《まこと》にして而《しか》る后《のち》に心《こころ》正《ただ》し。心《こころ》正《ただ》しくして而《しか》る后《のち》に身《み》修《おさ》まる。身《み》修《おさ》まって然《しか》る后《のち》に家《いえ》斉《ととの》う。家《いえ》斉《ととの》って而《しか》る后《のち》に国《くに》治《おさ》まる。国《くに》治《おさ》まって而《しか》る后《のち》に天《てん》下《が》平《たい》らかなり。

万事万物についての知識が本当に身につくと知識が充実したものになる。そして万事万物についての知識およびそこに潜むところの真理といったものが把握されて、初めてその人間の心の動きというものが間違いのないものになる。そうなって初めて心が正しいといえる。

心が正しくなって初めて自分の身が立派に修まり、行いが立派になる。つまり身が修まるというのは心が正しくなって行いが立派になるということなんですね。行いというのは自分の心の動きですから、「**心正《こころただ》しくして而《しか》る后《のち》に身修《みおさ》まる**」ということになるわけです。

自分の身が修まって初めて、その家が立派なものに斉《ととの》う。この「家斉《いえととの》う」というのは、家族がみんな従ってくるということ。家の中にごたごたが起こらない。一家仲良く、そして一家の家長であるところの為政者に、みんなが付き従う。そういう状態です。

家族みんなが家長を心服するようになれば、よその人間だって従うようになる。ですから、家族が従うようであって初めて国民も従ってくるわけです。それが「**家斉《いえととの》って而《しか》る后《のち》に国治《くにおさ》まる**」ということ。

そして、「**国治《くにおさ》まって而《しか》る后《のち》に天下平《てんがたい》らかなり**」。天下泰平ということは、国が治まった後にできることである。自分の国も治まらないうちに、また自分の家も斉わないうちに、自分の身も修まらないうちに、いたずらに上ばかりを見て天下を平らかにするんだというような野望を持っても、これは成功するはずがない。

これは順序になっていますけれども、たとえば「**意《い》を誠《まこと》にする**」ということが「心を正しくする」ことに繋がるというけれども、「心を正しくする」ように努めることが「意を誠にする」ことになるという逆の関係もあります。だから、これは一つの順序のようだけれども、実践の上では、格物ができないうちは致知が至らないとか、致知ができないうちは意が誠にならないとか、意が誠にならないうちは精神が完成できないというようなことでは必ずしもありません。お互いに関わり合っているわけです。

だから、実践の上では逆の関係もあります。格物をしながら意を誠にする工夫もしなければいけないし、「身を修む」というけれども、身を修める中には格物も入っているわけです。そして、そのことが同時に「天下平らか」に繋がらないということはない。いっぺんに天下が平らかになるわけではないのです。

基本は修身にあり

天子《てんし》自《よ》り以《もっ》て庶人《しょじん》に至《いた》るまで、壱《いっ》に是《こ》れ皆《みな》身《み》を修《おさ》むるを以《もっ》て本《もと》と為《な》す。

物致ってから天下平らかになるまでというのは一連のものですけれども、その一応基本となるのは「身を修める」ということだというのことです。もちろん、その本を立派に培うためには、心を正しくし、意を誠にし、そして格物致知ということが付き添うわけです。しかし神は、天子から一般の庶民に至るまで、すべてこの「身を修める」ということが本なのだといっているんです。天子といえども、身が修まらないのに天下平らかなりというような目標を狙ってはならないということですね。

「壱に」というのは「専ら」という意味です。「ご自愛専一に」といいますけれど、専と一は全く同じ言葉です。一というのは一つであってすべてなんです。

其《そ》の本乱《もとみだ》れて末治《すえおさ》まる者《もの》は否《あら》ず。其《そ》の厚《あつ》くする所《ところ》の者薄《ものうす》くして、其《そ》の薄《うす》くする所《ところ》の者厚《ものあつ》きこと、未《いま》だ之《こ》れ有《あ》らざるなり。

「**其《そ》の本乱《もとみだ》れて末治《すえおさ》まる者《もの》は否《あら》ず**」というのは、木にたとえるならば、根元が腐っておって枝葉が茂るというのはあり得ないということ。同じく、厚くあるべきところのものが薄くて、薄くあるべきものが厚いというようなことはあり得ない。そういう逆はないんです。根本が腐っているのに枝葉が栄えることはないし、厚くあるべきものが薄くて、薄くあるべきものが厚いということはあり得ない。

これは「物には本末有り、事には終始有り」ということで、先後するところを知って、その順序を過つことなく、力を入れるべきところにちゃんと力を入れる。こういうことをすれば、すべては自然に良くなるということを暗示しているわけですね。

第三章

自らを慎む

徳は自ら明らかにする

康誥《こうこう》に曰《い》わく、克《よ》く徳《とく》を明《あき》らかにすと。大甲《たいこう》に曰《い》わく、諟《こ》の天《てん》の明命《めいめい》を顧《かえり》みると。帝典《ていてん》に曰《い》わく、克《よ》く峻徳《しゅんとく》を明《あき》らかにすと。皆《みな》、自《みずか》ら明《あき》らかにするなり。

これは大学の道の第一である明徳ということを説いた言葉です。「康誥」というのは『書経』の篇の名前です。『書経』の「書」とは昔の歴史の書物だといいましたけれど、その康誥篇に「**克《よ》く徳《とく》を明《あき》らかにす**」という言葉がある。それからまた同じ『書経』の大甲篇には「**諟《こ》の天《てん》の明命《めいめい》を顧《かえり》みる**」という言葉がある。

また「帝典」というのは『書経』にある「堯典《ぎょうてん》」を指します。これは古代の堯舜《しゅん》という名天子のうちの堯の軌跡を記したもので、それを「帝典」ともいいます。これに「**克《よ》く峻徳《しゅんとく》を明《あき》らかにす**」という言葉があります。「**皆《みな》、自《みずか》ら明《あき》らかにするなり**」とは、みんな自ら明らかにするということ。「大学の道は明徳を明らかにするに在り」とあるけれども、それは自ら明徳を明らかにすることであるというんですね。朱子の注釈にも、「克く徳を明らかにする」「天の明命を顧みる」「克く峻徳を明らかにする」というのは、すべて為政者が自ら明らかにすることだということを示しています。

「峻徳」の「峻」というのは「高い」という意味です。明徳は高い徳ですから、同じことです。高いところにあれば当然明らかです。徳の素晴らしさを表すのにはいろいろな言い方があります。深いというような言い方もあったり、高いというような言い方もあったり、それから明らかだとか単に立派だとか、「峻徳」というのもその一つの言い方です。

昨日より一歩前進した自分になっているか

湯《とう》の盤《ばん》の銘《めい》に曰《い》わく、苟《まこと》に日《ひ》に新《あら》たに日日《ひび》に新《あら》たに、又日《またひ》に新《あら》たならんと。

「湯の盤の銘」の「湯」というのは殷の国を興した湯王のことです。夏《か》王朝の暴君である桀《けつ》王を討って天子になったのが、この湯王です。商というところに都したから商の湯王と呼ばれました。後にこの王朝は殷というところに都を移して、以来殷と呼ばれます。古代遺物が発掘されたことで殷朝は有名になりましたけれども、その国を興したのが湯王です。

「盤」というのは、毎日使うところの盥《たらい》といったらいいでしょうね。手を洗い、顔を洗う道具です。「銘」は金属に彫り付けるものだから（金＋名で）銘といいます。この湯の盤は金属製のいわば洗面器ですけれども、そこに「**苟《まこと》に日《ひ》に新《あら》たに日日《ひび》に新《あら》たに、**

又日《またひ》に新《あら》たなり」と彫り付けてあった、と。湯王が絶えず自分の身を向上させようと努力していたことがわかりますね。昨日の自分であってはならない。昨日よりも一歩前進した自分であるかどうかということを、顔を洗うたびに反省していたわけです。

『史記』を見ればわかりますけれど、湯王は非常に有徳な人でした。その徳は民衆に及んだだけでなく、禽獣《きんじゅう》にまで及んだというほどの有徳の天子です。湯王は自分の身を絶えず反省していた人ですから、「夏の桀王は天子であるけれども無道である。湯こそ天命を受ける天子である」と天下の要望が集まってきました。それで湯王は夏の桀王を滅ぼして、殷王朝を立て、初代の天子になったんですね。

どこでも国を興した者は立派ですけれども、後になると愚かな帝王が出てくるものです。それが夏の時代なら桀王ですし、殷だって最後の紂《ちゅう》王という人は夏の桀王に劣らず悪いことしました。それで周の武王に滅ぼされてしまうのです。

天声人語の意味

家臣が自分の主君を殺すというのは非常に不運なことであるように日本では思われているでしょう。日本ばかりではなく、中国でもそれは決していいことではないんです。孟子もいっておりますが、天子というものは天の子どもと書いて天子であるわけです。天は万物を造りました。宇宙を造り、当然地球も造った。そして人類も造った。しかし、天は直接治められないから、自分の造ったものを治めるためにわが子を遣わした。それを天子というのです。

その天子は何を聞くかというと、それは民の声です。天声人語という朝日新聞の有名なコラムがあるでしょう。あれはここからきている。「天に声在り、人をして語らしむ」だから天声人語。天というものは口をきかないわけですね。では、その天の声は何によってわかるのかというと、民衆の声によってわかる。人をして語らしむわけです。これが中国の思想なんです。

だから、民の声が多ければそれを聞いて、天子は天に代わって国民の生活を安定させる。天子には民衆が幸せに暮らせるように治める責任があるわけです。それなのに悪逆無道なことをやれば、これが天子であるわけがない。そういうものに対して民衆はすぐに見切りをつけます。そして有徳な者があれば、「あの人こそ天子である」と。

孟子は「一夫紂を誅《ちゅう》するを聞けども、未だ君を弑《しい》するを聞かざるなり」といっています。たとえば紂王であれば、「紂王はもう天子ではない。紂は天子の血筋を受けて天子についたけれども、もう天子としての実質を失っているから天子とはいえない。単なる匹夫である。民衆の一人にすぎない。しかも悪逆無道をやった人である。当然その罰によって、殺されてもしかるべき人間である。それを殺しただけだ」といって、決して天子を殺したとはいっていないわけです。

中国の思想では、天子の資格のないものは天子ではないんですね。だから新たな天子を選ぶ。それを「革命」というんです。天命が変わるということです。「革」というのは「改まる」ということです。紂王が天子の家系に生まれて天子という命が降《くだ》ったけれど、天子としての資格が全くないどころか悪逆無道の罪人であるというので、天子という命が革《あらた》まるわけですね。

止まるべきところに止まることを「正」という

康誥《こうこう》に曰《いわ》く、新民《しんみん》を作《おこ》すと。

これは「新民」の説明です。栃木県にある作新学院という校名の出典は、この「作新す」にあるんですね。康誥は前に説明しました『書経』の康誥篇のこと。そこに「**新民《しんみん》を作《おこ》す**」、つまり「民を新たにする」という言葉がある、と。この「作」というのは「興す」ということ。つまり心を奮い立たせることをいいます。

詩《し》に曰《い》わく、周《しゅう》は舊邦《きゅうほう》なりと雖《いえど》も、其《そ》の命維《めいこ》れ新《あら》たなりと。是《こ》の故《ゆえ》に、君子《くんし》は其《そ》の極《きょく》を用《もち》いざる所《ところ》無《な》し。

「詩に曰く」の「詩」は五経の一つの『詩経』です。そこに「**周《しゅう》は舊邦《きゅうほう》なりと雖《いえど》も其《そ》の命維《めいこ》れ新《あら》たなり**」といっている、と。周は長く続いた古い国ではあるけれど、殷に代わって天の命が降った。新たに天子となる人物は、天の命を受けるに十分な徳を持っている。これは誰のことかというと、周の武王を指しています。

中国でいう革命には禅譲と放伐という二つの種類があります。堯が舜に天子の位を譲り、舜が禹《う》に天子の位を譲ったというのは禅譲です。それに対して放伐とは、かつて天子であったものを無道なるがゆえに追放して、有徳者が代わって天子になることをいいます。禅譲も放伐も、これはいずれも革命です。放伐は血を流して得られるところの革命であり、禅譲は全く平和裡に行われる革命ですね。

明治維新なんていうのは、その革命とはまた違います。明治維新の場合は、天子は変わらないわけです。皇室はずっと変わりなくある。ただ、政治形態というものが全く変わりました。「**命維れ新たなり**」とありますけれど、「維新」という言葉はおそらくここから取ったものだと思います。外国では明治維新のことを革命と呼んでいるようですけれど、日本ではこれは革命とは違うんだという意味で、特に「維新」という言葉を使ったのだと思われます。

「維新」は「維れ新たなり」という意味ですけれども、この「維」には別に意味はありません。強め字として使っているわけで、「実に」とか「非常に」というような意味だと考えればいいでしょう。

その「命維れ新たなり」は、天命が代わるのですから革命と同じです。この場合は、新たに天子になる、つまり殷の紂王が無道であったために周の武王が天子にとって代わったことを表しているわけです。これは革命そのものですけれども、しかし、明治維新というときにはそういう意味では使っていないということですね。

詩《し》に云《い》わく、邦畿千里《ほうきせんり》、維《こ》れ民《たみ》の止《とど》まる所《ところ》と。

「畿」は、近畿地方などで使われる畿ですね。これは天子が直接に治めるところという意味です。つまり「都」です。都のあるところを「畿」というわけで、それに近いところだから近畿地方という名称があるわけです。「邦畿」というのは国の都です。天子のおられるところを「邦畿千里」といいます。「千里」というのが天子の直轄する土地と定められているんです。そこは「維《こ》れ民《たみ》の止《とど》まる所《ところ》」、民が止《とど》まり住むのに最も良いところであると。『詩経』の中にそういう句があるということです。これは要するに「止まる」という言葉の意味を考えるために持ってきたものです。「止まる」という字があるので、この句を持ってきて引いたわけですね。

詩《し》に云《い》わく、緡蠻《めんばん》たる黄鳥《こうちょう》、丘隅《きゅうぐう》に止《とど》まると。

この『詩経』の句は、四つの字句で一聯《いちれん》をなしています。「**邦畿千里《ほうきせんり》、維《こ》れ民《たみ》の止《とど》まる所《ところ》。緡蠻《めんばん》たる黄鳥《こうちょう》、丘隅《きゅうぐう》に止《とど》まる**（邦畿千里、維民止所。緡蠻黄鳥、止于丘隅。）**と**」と、みんな四字句でできています。「緡蠻」というのは、鳥のさえずる声を表しています。「緡蠻」とさえずり鳴く「黄鳥」とは鶯《うぐいす》のことです。鶯は羽が黄色いので「黄鳥」と呼ばれます。

「鶯が丘の隅に生えている木に止まって鳴いている」という意味の『詩経』の句がある。これについて孔子が次のようなことをおっしゃった。

子曰《しい》わく、止《とど》まることに於《お》いて、其《そ》の止《とど》まるところを知《し》る。人《ひと》

═ を以《もっ》てして鳥《とり》に如《し》かざるべけんや。

これは「緡蠻たる黄鳥、丘隅に止まる」という詩について孔子がこうおっしゃっているということです。「**止《とど》まることに於《お》いて、其《そ》の止《とど》まるところを知《し》る**」というのは、この鶯が止まるべき木をよく心得ていてその木に止まっているということ。つまり、「鳥でさえもちゃんと自分の止まるべきところを知って、最も良いところに止まっている。人間であって、どうしてその鳥に劣って良いだろうか」といっているのです。人間が止まるべきところを知らないでいては、それこそ鳥にも及ばないことになるじゃないかというわけですね。だから、止まるべきところに止まるということを知らなければならない。

それを表すのが「正」という字です。「正」という字は「一に止まる」と書きます。ここに止まるというところにしっかりと足を置く。「止《し》」というのは「足」の象形で、足の立つところを示している。ですから、ちゃんと位置するべきところに位置するというのが「正」ということなんですね。

信が最も大事

詩《し》に云《い》わく。穆穆《ぼくぼく》たる文王《ぶんのう》、於緝《ああつぎあきらか》熙に敬《うやま》い止《とど》まる。人《ひと》の君《きみ》と為《な》っては仁《じん》に止《とど》まり、人《ひと》の臣《しん》と為《な》っては敬《けい》に止《とど》まり、人《ひと》の子《こ》と為《な》っては孝《こう》に止《とど》まり、人《ひと》の父《ちち》と為《な》っては慈《じ》に止《とど》まり、国人《こくじん》と交《まじ》わっては信《しん》に止《とど》まる。

また『詩経』から引いています。「穆」は稲の豊かに実っているさまを表した字ですが、「穆穆」は天子の徳の厚いことを讃えるのによく使います。「緝《しゅう》」という字は「継ぐ」という意味で、ここでは「先祖から受け継いだ」ということで「徳を受け継ぐ」ことを表しています。「熙《き》」という字は「明らか」という意味です。火がかっかと燃えているさまを表します。非常に明らかなありさまです。「緝熙《つぎあきらか》に」というのは、受け継いだ徳を明らかにする。つまり明徳を明らかにすることを表しているわけですね。

それから「敬い止まる」の「敬」は「慎む」こと。己を慎むわけです。そして「止まる」は、受け継いだ徳を守り通すことを表している。だから、ここは「先祖より受け継いだ徳をいよいよ明らかにし、慎んでそれを守り通された」という意味になります。これが『詩経』にある言葉です。「**穆穆《ぼくぼく》たる文王《ぶんのう》、於緝熙《ああつぎあきらか》に敬《うやま》い止《とど》まる**」と。

そこで「**人《ひと》の君《きみ》と為《な》っては仁《じん》に止《とど》まり**」、人民の君主たるものは仁の徳を守り通すだけである。また「**人《ひと》の臣《しん》と為《な》っては敬《けい》に止《とど》まり**」、臣下たるものは敬の徳を守る。「**人《ひと》の子《こ》と為《な》っては孝《こう》に止《とど》まり**」人の子としては孝の徳を守り通し、「**人《ひと》の父《ちち》と為《な》っては慈《じ》に止《とど》まり**」父としては慈愛の徳を守り通し、「**国人《こくじん》と交《まじ》わっては信《しん》に止《とど》まる**」人々と交際するに当たっては信の徳を守り通すことが大切である、と。

この徳を守り通すということは「至善に止まる」ことを表しています。至善というものは、天子となった場合は「仁」の徳になるし、人の臣となっては「敬」を中心とする徳になるというように、それぞれの立場での対人関係において、それぞれの徳として起こるわけです。

つまり、自分という個人は主君に対して「敬」でなければいけないし、わが子に対しては「慈」でなければいけない。親に対しては「孝」、兄弟に対しては「弟」でなければならない。こういうふうに、徳というものは対人関係において生ずるものなので、相手によって至善の内容は変わってくるんですね。

最後にある「国人と交わっては信に止まる」の「信」という言葉は、人偏に言という字が書かれているように、人の言葉における一番大事な徳目です。それを「信」と呼んだわけですね。つまり、人間は自分の言葉についていかにあらねばならないかというときに、その一番大事な精神を「信」と名づけたわけです。

こういう言葉の文字の作り方を会意といいます。「信」という字は、人間というものと言葉というものの二つから導き出される概念を表している。人間は言葉を使ってコミュニケーションを果たしている。そのときに一番大事なものを「信」と名づけたんです。

これを日本語でいえば「誠」というんです。「信」という字も「まこと」と読みますけれど、「誠」はその言葉の「信」の結果が「これ成る」という字。つまり「言葉が成る」ということです。言葉が誠なるがゆえに成るわけですね。

それからもう一つ、事柄が「まこと」の場合は「実」という字になります。人の名前にありますね。この「実」は言葉ではなくて事柄のほうの「まこと」です。言葉のほうの「まこと」は「誠」ですね。

ですから、ここの「信」は「誠」と訳せば一番簡単です。簡単ではありますけれど、誠とはなんぞやということになりますと、これはまだよく考えなきゃいけない。要は、この誠・信というのは、人間の言葉における最も大事なものは何かを表しているということなんです。

切磋琢磨して自分を向上させる

詩《し》に云《い》わく、彼《か》の淇澳《きいく》を瞻《み》れば、菉竹猗猗《りょくちくいい》たり。斐《ひ》たる君子有《くんしあ》り、切《き》るが如《ごと》く磋《す》るが如《ごと》く、琢《う》つが如《ごと》く磨《みが》くが如《ごと》し。瑟《しっ》たり僩《かん》たり、赫《かく》たり喧《けん》たり。斐《ひ》たる君子有《くんしあ》り、終《つい》に諠《わす》るべからずと。

切《き》るが如《ごと》く磋《す》るが如《ごと》しとは、学《まな》ぶことを道《い》うなり。琢《う》つが如《ごと》く磨《みが》くが如《ごと》しとは、自《みず》ら修《おさ》むるなり。瑟《しっ》たり僩《かん》たりとは、恂慄《じゅんりつ》なり。赫《かく》たり喧《けん》たりとは、威儀《いぎ》なり。斐《ひ》たる君子《くんし》有《あ》り、終《つい》に諠《わす》るべからずとは、盛徳至善《せいとくしぜん》、民《たみ》の忘《わす》るる能《あた》わざるを道《い》うなり。

『詩経』に「**彼《か》の淇澳《きいく》を瞻《み》れば、菉竹猗猗《りょくちくいい》たり**」という句がある、と。「淇澳」というのは、淇水という川の岸辺のこと。「澳」は「水際《みずぎわ》」、川の岸辺です。「瞻」という字は、「見渡す」というように考えればよろしいでしょう。淇水の岸辺を見渡すと、緑の竹が猗猗として生い茂っている。「猗猗」というのは竹がすくすくと伸びている様子を表現した言葉です。

この緑の竹がすくすくと生い茂っているというのは、次に「斐たる君子」を持ってくるための一つの形容句です。日本の和歌でいう枕詞に近い。ある言葉を引き出すために必要な言葉を並べるんです。ここでは、若竹の見事に伸びておるさまから有徳の君子を思い浮かべるわけですね。

その竹のように爽やかな徳の優れた君子がいて、それが「**切**《き》**るが如**《ごと》**く磋**《す》**るが如**《ごと》**し、琢**《う》**つが如**《ごと》**く磨**《みが》**くが如**《ごと》**し**」というように、自分を向上させるために一生懸命に努力している。これは「切磋琢磨」という言葉の出典です。あとに出てくるように「切るが如く磋るが如し」とは「学ぶこと」であり、「琢つが如く磨くが如し」とは「自ら修る」ことであると。君子は皆さんが自学自修するのと同じことをしているんです。まさに切磋琢磨して「斐たる君子」が努力しているんです。

それが「**瑟**《しつ》**たり僩**《かん》**たり、赫**《かく》**たり喧**《けん》**たり**」というわけですね。これもあとに説明してあります。まず「瑟たり僩たり」とは「恂慄なり」と。「恂慄」とは、君子を見た人が立派だなと感動する。そして自分もああならなければならないと感じるさまをいっています。また「赫たり喧たり」とは「威儀なり」と。君子の言動が非常に立派で、火が赤々と燃えるように非常に輝いている。「赫」は赤という字が二つあるように、火が赤々と燃えるさまを表します。「喧」は声のかまびすしいことをいうのですが、これは人の心を打つような君子の言動の見事さを表した言葉です。

そういう素晴らしい徳を身につけた君子が、それに満足しないでさらに向上しようとして努力をしている。そういうさまを見ると、「瑟たり僩たり、赫たり喧たり」で、非常な感動を覚えるわけですね。

「**斐《ひ》たる君子《くんし》有《あ》り、終《つい》に諠《わす》るべからず**」とは、その有徳な君子のことが一生涯忘れることができない。それは「**盛徳至善《せいとくしぜん》、民《たみ》の忘《わす》るる能《あた》わざるを道《い》うなり**」とあります。有徳の君子はその徳があまりに素晴らしいので忘れられない。それが人々の心に強く印象づけられて、一生涯忘れることができないといっているんです。

「切磋」は、一般には「鹿の角や象牙を切りヤスリをかけること」と説かれています。鹿の角や象牙を磨けば宝物になります。その素材を切るのが「切」であり、ヤスリをかけるのが「磋」です。それから「琢磨」の「琢」は「うつ」と読んでいますけれども、これはノミを使うさまをいいます。ノミを持ってカナヅチで叩くでしょう。そのことです。これを訓では「うつ」と読んでいるわけです。

つまり、「琢磨」とは宝石にする素材をまず粗削りして、それに磨きをかけるわけです。玉石を粗削りするのが「琢」であり、それを磨いて美しい宝石にするのが「磨」です。つまり、「切磋」のほうは角や象牙類、「琢磨」のほうは玉石類、ともに宝石の素材となるところのものを切り刻んで、これを美しく仕上げることをいっています。

これは有徳の君子となるべく学問修養を心がけることをたとえた言葉です。もう長い間、学問に励むことを「切磋琢磨」と表現していますから、皆さんも大体それでおわかりいただけますね。

王亡き後も忘れられない恩徳

詩《し》に云《い》わく、於戯《ああ》前王《ぜんのう》忘《わす》れられずと。君子《くんし》は其《そ》の賢《けん》を賢《けん》として、其《そ》の親《しん》を親《しん》とす、小人《しょうじん》は其《そ》の楽《たの》しみを楽《たの》しみとして、其《そ》の利《り》を利《り》とす。此《ここ》を以《もっ》て世《よ》を没《ぼっ》するも忘《わす》れられざるなり。

前にこの「於《お》」という字を「ああ」と読みました。ここでは「戯」という字もあわせて「ああ」と読みます。「**於戯前王忘れられず**《ああぜんのうわす》」というのが『詩経』の句です。『詩経』に「亡くなられた王様のことが忘れられない」という句があるというわけです。

それはどういうことかというと、まず「**君子は其の賢を賢とし**《くんしそけんけん》」、君子は王様の賢明なところを学んで自分も賢明にならんと努める。それから「**其の親を親とす**《そしんしん》」、王様が親愛するありさまを目で見て自分も同じようにありたいと努力をする。君子だからそういうことができるわけです。

しかし、小人にはそれは難しい。いかに王様の賢明なところ真似しようと努力したって真似できない。でも、「**其の楽しみを楽しみとして**《そたのたの》」王様の楽しんだところを真似するのは、小人にも割と易しいんです。ですから、小人のできることは王様の楽しんだところを自分も真似して楽しむことだ、と。

この王様の楽しんだところというのは、凡人の楽しみとは違いまして、麻雀をやることでもないし、博打を打つことでもない。王様の楽しみは極めて立派なものですから、「ああいう楽しみがあるんだな。あれは優雅な楽しみだから一つ自分も努力してみよう」となるわけです。たとえば、お茶を飲むというようなことは小人にも真似できますから、「其の樂しみを樂しみとし」ということになる。この王様の楽しみが何かはわかりませんが、とにかく小人にも王様の楽しみとしたところを真似することはできるというわけです。

それから「**其《そ》の利《り》を利《り》とす**」は、王様が利益として努めたところを自分も真似して追求すること。これも小人にはできる。聖天子といわれる人が利としたところですから、それをそのまま手本とすれば立派なものです。そのように、小人でも王様の利益としたところを自分も真似てそれを追求することはできる。

こういう点で、前王の影響というものは非常に良いものであったんです。君子は君子なりに、小人は小人なりに、それぞれに大変な影響を与えた。ですから、君子や小人側から見ると、王様の恩徳はありがたいということになるんですね。王様のおかげを被ることができたので、王様が亡くなられてもその恩徳が忘れられない。「**世《よ》を没《ぼっ》するも**」王様が亡くなられて既にこの世にいらっしゃらなくなっても、この世の中にいるようにいつでも王様のことを偲んでいる。

小人であれば「王様のおかげで自分はこういう立派な楽しみを得られたんだ」と、君子の場合は「自分が立派な人間になれたのも、立派な王様という手本があったからだ」と偲んでいるということです。

他人ではなく自分自身を責める

子曰《しい》わく、訟《うったえ》を聴《き》くこと吾猶人《われなおひと》のごときなり。必《かなら》ずや訟《うったえ》無《な》から使《し》めんかと。
情《じょう》無《な》き者《もの》は、其《そ》の辞《じ》を尽《つく》すことを得《え》ざらしめ、大《おお》いに民《たみ》の志《こころざし》を畏《おそ》れしむ。此《これ》を本《もと》を知《し》ると謂《い》う。
此《これ》を本《もと》を知《し》ると謂《い》う。此《これ》を知《ち》の至《いた》りと謂《い》うなり。

この「猶」という字は、「なお」「ごとし」と二回読む字です。「**猶人《なおひと》のごときなり**」は、ちょうど何々のようである。そういう意味の字です。

「**訟《うったえ》を聴《き》くこと吾猶人《われなおひと》のごときなり。必《かなら》ずや訟《うったえ》無《な》から使《し》めんか**」までが孔子の言葉です。孔子が「訴訟を聞くことにおいては、私は別に他の人と特別に変わったところはない」といいました。つまり、自分も訴え、裁判するということにおいては全く同じようにやっている。ただ違うところといえば、自分はそういう訴訟が起こらないように気をつけている。そこが違うといえば違うであろう、と。**「必《かなら》ずや」**は「強いていえば」という意味ですね。強いていえば、訴えなからしめようとしている。そこが他の人と違えば違うところである。これは『論語』にある言葉です。

訴訟が起こるのは、他人を責める気持ちが強いからです。他人を責めるのではなくて自分を責める気持ちであれば、訴訟は起こらない。つまり、自分自身を責めるということが「**大《おお》いに民《たみ》の志《こころざし》を畏《おそ》れしむ**」という畏敬《いけい》の精神のもとになる。これは他人の立場を尊重するということですね。自分の権利ばかりを主張するのではなくて、むしろ他人を尊重する。そして、自分の行いをできるだけ慎む。「**此《これ》を本《もと》を知《し》ると謂《い》う**」、それが本だということです。そうすれば訴訟は起こらない。それが孔子の「**訟《うったえ》無《な》からし使《し》めんか**」ということになっているわけです。初めのほうに「其の本乱れて末治まる者は否ず」とありましたけれども、本末軽重を知るということが大事なんです。

「其の本」というのは自分を慎むということです。

心の最も良い状態を「情」という

「情無き者」の「情」という字には「青」がついていますね。この「青」がついている字を並べてみますと共通したものがあることがわかります。精米の「精」という字は、最もよくついて美味しく食べられる状態を表します。「晴」は天気の最もいい状態であり、「清」は水が最も良い状態にある。つまり、「青」はそれぞれの最も良い状態を表しているということになります。すると「情」は心の最も良い状態であることが察せられるわけですね。

さて、この「青」という字は地中から木あるいは植物が生まれ出た形を表しているわけですね。つまり、生まれることを青《セイ》という。青という字の下の部分は「丹」という字を簡単にいいかえた形です。この「丹」というのは丹石《たんせき》のことです。丹石とは赤い石で、中国では砕いて顔料、つまり絵の具を作りました。この丹石を刻んだ赤い色を赤い絵の具の材料にしたわけです。

ところが、実は丹石には赤とは対照的な青の成分もあるんです。ですから、丹石を細かくすると青い部分も出てきて、それで青の顔料も取れる。ですから、丹石から生じたものという意味で、これを「青」と名づけた。中国には「丹青《たんせい》」という言葉があります。これは赤と青を意味します。晴天や清水という字には青が含まれています。晴天といったら青空ですし、澄み切っている水は青く見えます。そういうことから転じたものです。

字というものは変わっていきます。これを転注《てんちゅう》といいます。たとえば、この「転」というのは車が回転することで、「注」というのは川の水が流れ流れて海に入ることを示しています。車は今ここにあっても、いつの間にか移動して遥《はる》か彼方に行ってしまいます。水も今ここに流れている水は、そこにとどまっていません。いつの間にかも遥か彼方にまで流れていく。そのように、意味というものは一つに固定していないわけです。たとえば「青い」という状態が非常に良い状態であるといえば、それがいつの間にか「良い」という意味に変わっていくわけですね。

音楽の「楽」という字は、これは打楽器の象形です。したがって、楽器という意味を持った字なんですけれども、同時に、その楽器によって演奏されるところの音楽そのものを表すようになります。孔子は三か月食べたものの味さえもわからなかったというぐらい音楽に熱中しました。音楽というものは非常に心を楽しませる。音楽を聴くと快い状態になる。ですから、それを「楽」という字で表すようになるんです。これも転注ですね。

つまり、意味というものがどんどんと移り変わっていくんです。それはちょうど車の輪が回転して移動する。川の水が流れて海に至るようなものであるというので、この用法を転注と呼んでおります。

したがって、この「青」という字も「青色」を表した字ではあるけれども、だんだん転注して「物の優れている状態」を表すようになる。だから、「精」は青い米ではなくて、食べて最も美味しい状態にした米という意味になるわけですね。同様にして、「情」というのも青い心ではなくて、心に混じりけのないこと、本当に美しい心という意味になる。別の言葉でいえば「真心」です。「無情」というのは、そういう真心のない人間という意味になります。

「情無き者」そういう真心のない人間に「**其の辞を尽すを得ざらしめ**」。尽くすことを「得ざらしめ」ですから、勝手放題、勝手気ままなことをいわせないようにする。そして「**大いに民の志を畏れしむ**」。つまり、慎むという気持ちを育てている。

為政者としては、人民を裁判でうまく裁くなんていうことは末の末です。大岡裁きというような立派な裁判をしても、裁判を起こさないようにしたほうがいいわけです。訴訟が起こる元がないようにしてしまうことのほうが立派に決まっている。「**此れを本を知ると謂う**」それが本である、と。

孔子のいうように、訴訟が起こってからでは、いかにうまく裁いても立派なこととはいえない。むしろ訴訟が起こらないようにすることこそ立派なことなんです。「**訟を聴くこと吾猶人のごときなり。必ずや訟無から使めんか**」という言葉の言外には、そういう意味が含まれているんですね。

そして、この「**本を知る**」ということが「**知の至り**」である。初めに格物致知、知に致るということをいいましたけれど、それはこの「本を知る」ことをいうのである、ということです。

自分の本心に従う

所謂《いわゆる》其《そ》の意《い》を誠《まこと》にすとは、自《みずか》ら欺《あざむ》くこと毋《な》きなり。悪臭《あくしゅう》を悪《にく》むが如《ごと》く、好色《こうしょく》を好《この》むが如《ごと》くす。此《これ》を之《こ》れ自謙《じけん》と謂《い》う。故《ゆえ》に君子《くんし》は、必《かなら》ず其《そ》の独《ひとり》を慎《つつし》むなり。

前に「其の心を正しうせんと欲する者は、先ず其の意を誠にす」という句がありました。「**其《そ》の意《い》を誠《まこと》にす**」というのは一体どういうことかというと、「**自《みずか》ら欺《あざむ》くこと毋《な》きなり**」。つまり、自分の本心を欺かない、自分の本心に従うということです。自分の本心、真心に従うのです。

では、それはどういうことかといいますと、「**悪臭《あくしゅう》を悪《にく》むが如《ごと》く**」誰でも悪臭をかげば顔を背けます。嫌な臭いがしてくれれば、それを嬉しそうに嗅ぐ者はおりません。顔を背けて、そんなものは嗅ぎたくないという気持ちになる。

その反対に、「**好色《こうしょく》を好《この》むが如《ごと》くす**」良い色、たとえばこれは美人と見てもいいでしょうし、美しい絵と見たっていいわけですけれども、快く感ずるものを見れば、いつまでもそれを見ていたいというような気持ちになる。これが人間の本心に従うということです。よく本音と建前というようなことをいいますけれども、本音に従うということですね。

ですから、「**悪臭《あくしゅう》を悪《にく》むが如《ごと》く、好色《こうしょく》を好《この》むが如《ごと》し**」というのは、真に自分の意志に従って行動せよということなんです。このことを「自謙」といいます。「謙」という字は言偏になっていますが、本当は「忄（りっしんべん）」です。何度もいうように、中国では発音さえ同じであればどんどんと流用します。転注と並んで仮借という用法があって、音が同じ字があればどんどん借りてくる。

「謙」という字は快い、つまり心に嬉しく気持ちよく感じるという意味の字です。「自謙」は「自ら謙（こころ）よくす」と読んでもいいわけですね。自ら心を許す、自分の心が満足いくようにするということです。それが「意を誠にす」ということなんだということです。

「**故**《ゆえ》**に君子**《くんし》**は、必**《かなら》**ず其**《そ》**の独**《ひとり》**を慎**《つつし》**むなり**」と。君子は独りを慎むというけれど、それは別に難しいわけがあってやっているんじゃない。その慎むということが、実は快いことなんです。自分の本心に従うと心が快い。快いからそういう行為をしているのであるということなんですね。

それはどういうことかというと、その次にその理由が出てきます。

本心は実績となって現れる

小人間居《しょうじんかんきょ》**して不善**《ふぜん》**を為**《な》**し、至**《いた》**らざる所無**《ところな》**し。君子**《くんし》**を見**《み》**て而**《しか》**る后**《のち》**に厭然**《えんぜん》**として、其**《そ》**の不善**《ふぜん》**を揜**《おお》**いて、其**《そ》**の善**《ぜん》**を著**《あらわ》**す。**

人《ひと》の己《おのれ》を視《み》ること、その肺肝《はいかん》を見《み》るが如《ごと》し、然《しか》らば則《すなわ》ち何《なん》の益《えき》かあらん。此《これ》を中《うち》に誠《まこと》あれば外《そと》に形《あら》わると謂《い》う。故《ゆえ》に君子《くんし》は必《かなら》ず其《そ》の独《ひとり》を慎《つっし》むなり。

独りを慎むというわけがここで説明されています。「小人」というのは「ちっぽけな人間」「つまらない人間」。君子に対して小人という言い方するわけですね。ちっぽけな人間は、「閑居」というような暇で何もしないでいるとよからぬことを考えて悪いこと、よからぬことをなす。しかも、人が見ていないとなると、どんな悪いことでも平気でやりかねない。だから、「**小人閒居《しょうじんかんきょ》して不《ふ》善《ぜん》を為《な》し、至《いた》らざる所無《ところな》し**」は、もう悪の限りを尽くすということです。

ところが、そんな小人も君子を見ますと「**厭然《えんぜん》として、其《そ》の不善《ふぜん》を揜《おお》いて**」。「厭然」というのは、自分のやっていることを恥ずかしいと思うこと。自分がやっていることと君子の行うところを比較してみると、いかに自分が醜いかがわかりますから、そこでその「不善」自分の悪いところをやめてしまって、「**其《そ》の善《ぜん》を著《あらわ》す**」少しでもいいところを見せようと努めるというわけです。

よほどの悪い人間でない限りは、悪いことをしてもそれが悪いことだと自分で知っております。だから、隠そうとするわけですね。そうしないような人間だったら、もうこれはおしまいです。そういうのは人間とはいえないわけです。

小人はそのように不善を隠して、いいところを出そうと努めますけれども、「**人《ひと》の己《おのれ》を視《み》ること、その肺肝《はいかん》を見《み》るが如《ごと》し**」と。大体、他人が自分を見ているありさまは非常に鋭いんですね。鋭いから、まるで人間の「肺肝」肺臓・肝臓という内臓まで、つまり腹の底まで見透かす。肺肝を見る側としては、お見通しだということです。どんなに隠したところで、その人間がどういう人間であるかということは他人様にはお見通しだと。

「**然《しか》らば則《すなわ》ち何《なん》の益《えき》かあらん**」。そういうわけだから、不善を覆って善を表すということに努めたところで、それはなんの意義もない。つまり、いくらうまく見せようと思っても、そんなことで隠しおおせるものではないということですね。他人にはちゃんとわかってしまうものなんです。

このことを「**此《これ》を中《うち》に誠《まこと》あれば外《そと》に形《あら》わる**」といっています。これも『論語』などにはしばしば見えている言葉です。つまり、本心というものは必ず何か実績となって現れるものである、と。「意を誠にす」といいますが、この「意」という字には「音」という字が入っています。古い字では「音」と「言」は同じなんです。声は音の一種です。人間の声帯から出るものが音になっているわけです。そして、声によってできたものが言葉ですから、「言」とは「音」の意味であるということができるわけです。しかも、字の成り立ちからすると「言」も「音」も同じ形をしている。したがって、「意」とは心から音が出るということ。つまり、声が出る、言葉が出るということなんです。

「意」というのは心から出る言葉で、これを「誠」といいます。本心から出る、真心から出るものが「誠」なんです。そして、「中に誠あれば外に形わる」とは、その誠が実践されて、言葉が事実になるということです。だから、言葉の通りに実行できる人を誠実な人というわけです。

このように、真心が立派であれば自然に立派な行為が外に現れていく。本心というものは必ず外に現れてくるのだから「**君子《くんし》は必《かなら》ず其《そ》の独《ひとり》を慎《つつし》む**」。人が見ていようが見ていまいが、そんなことには関わりがない。自分の心を磨かなければ立派な行為は現れないわけですから、心を慎んで自分の本心に美しく磨きをかける。

人が見ているからやるんじゃないんです。小人は人が見ているから、恥ずかしいから、見かけだけは立派なことをしているように見せかけるわけです。だけど、君子はそうではない。「中に誠あれば外に形わる」ということを知っているから、一人のときであっても、自分の本心を立派なものにするために努力するということなんです。

自分の心を磨く

曾子《そうし》曰《いわ》く、十目《じゅうもく》の視《み》る所《ところ》、十手《じっしゅ》の指《ゆび》さす所《ところ》、其《そ》れ厳《げん》なるかな。富《とみ》は屋《おく》を潤《うるお》し、徳《とく》は身《み》を潤《うるお》す。心広《こころひろ》ければ体胖《たいゆた》かなり。

故《ゆえ》に君子《くんし》は必《かなら》ず其《そ》の意《い》を誠《まこと》にす。

前にお話ししましたけれど、孔子の学問は孔子から曾子に伝わり、曾子から子思に伝わり、子思から孟子に伝わりました。そしてずっと来て、朱子、つまりに自分に伝わっているんだという言い方をしています。後世は日本の中でも朱子学が一番の中心になっております。

孔子の言行に限りませんけれども、孔子を中心としてその門人たちの言行は『論語』に現われているわけですね。そして曾子の思想をまとめたものが『大学』であり、子思の思想をまとめたものが『中庸』であり、孟子の思想をまとめたものが『孟子』です。この『論語』『大学』『中庸』『孟子』が四書ですね、学ぶ順序としては『大学』を一番先にやって、それから『論語』、続いて『孟子』をやって、最後に『中庸』で締めくくるというのが四書の読み方です。

さて、その曾子がおっしゃられることに、「**十目《じゅうもく》の視《み》る所《ところ》、十手《じっしゅ》の指《ゆび》さす所《ところ》、其《そ》れ厳《げん》なるかな**」と。十人の目で見ているところ、それから十人の手の指さすところ、これは非常に厳しいものがあるというんです。十人が十人、「あれはだめだ」ということになれば、それはもうだめでしょうね。ですから、他人の目、他人の批判というものは恐れなくちゃいけない。それは「自分を慎む」ということに繋がるわけです。この言葉は「獨を慎む」ということから続いています。

それから「**富《とみ》は屋《おく》を潤《うるお》し、徳《とく》は身《み》を潤《うるお》す**」。富んでまいりますと、自然に家が立派になってくる。「潤う」というのは「立派になる」という意味ですね。富んだ人の家というのは、いつの間にか見栄えがするようになってくるし、徳が身についてくれば、その人の人柄も人を感心させるような素晴らしいものに見えてくる。それを「**心広《こころひろ》ければ体胖《たいゆた》かなり**」といいます。人間の心ができてくると、自然にそれが体にあふれてきて、たとえ体は小さくても立派に見えてくるというわけです。

これも「其の本乱れて末治まる者は否ず」という本末の関係にあるわけですね。心というものが本であって、その心が立派になってくると、自然に肉体まで立派に見えてくるということです。貧弱な体であっても立派に見えてくる。

そういうわけだから「**君子《くんし》は必《かなら》ず其《そ》の意《い》を誠《まこと》にす**」。君子は自分の心を磨く努力をする。「意を誠にす」というのは「心を磨く」ということなんですが、前にいいましたように、心とはものを考える本体なんです。その心がものを考えるときに、それを意というわけです。意とは心の動きを表したものだということです。いろいろものを考えたりする、その本体を心という。だから「意は心」といってもいいわけ。心がものを考えるわけですから、その考えるときの心が意なんです。

第四章　修身の実践

偏りをなくして見ることの難しさ

所謂《いわゆる》身《み》を修《おさ》むるは、其《そ》の心《こころ》を正《ただ》しくするに在《あ》りとは、身《み》忿懥《ふんち》する所《ところ》有《あ》れば、則《すなわ》ち其《そ》の正《ただ》しきを得《え》ず。恐懼《きょうく》する所《ところ》有《あ》れば、則《すなわ》ち其《そ》の正《ただ》しきを得《え》ず。好楽《こうらく》する所《ところ》有《あ》れば、則《すなわ》ち其《そ》の正《ただ》しきを得《え》ず。憂患《ゆうかん》する所《ところ》有《あ》れば、則《すなわ》ち其《そ》の正《ただ》しきを得《え》ず。心《こころ》焉《ここ》に在《あ》らざれば、視《み》れども見《み》えず、聴《き》けども聞《き》こえず、食《くら》えども其《そ》の味《あじ》わいを知《し》らず。此《これ》を身《み》を修《おさ》むるは、其《そ》の心《こころ》を正《ただ》しくするに在《あ》りと謂《い》う。

前に「此の身を修むるは、其の心を正しくするに在り」という句がありましたけれど、ここはその説明になっています。自分の身を修めるためには、自分の心を正しくすることが必要で、自分の心が正しくなって初めて身が修まるんだといっているけれど、その理由は次の通りであると、以下に説明をしているわけですね。

まず「**身《み》忿懥《ふんち》する所《ところ》有《あ》れば、則《すなわ》ち其《そ》の正《ただ》しきを得《え》ず**」。「忿懥」というのは怒りですね。人に対して怒りを抱いている。こういう場合には、判断というものがどうしても偏ってしまいます。怒りのほうに引かれて正しい判断ができない。したがって、「則ち其の正しきを得ず」正しい行為ができなくなってしまう。

『論語』に「顔回は怒りを遷《うつ》さず」ということをいっております。孔子の弟子の中でなんといっても優れているのは顔回です。孔子よりも早く死んでしまいましたけれど、孔子さえもわが弟子ながら一目置くというような人物です。その顔回を孔子が評して、「顔回は怒りを遷さず」といったんですね。

大体の人は「怒りを遷す」わけです。たとえば、先生が夫婦喧嘩をして学校へ行くと、生徒が悪いことをしないのに怒ってしまうことがある。これは「怒りを遷す」ということです。怒りのために、心が正しい判断ができなくなるのでしょう。そして間違った行為をしてしまう。

次に「**恐懼《きょうく》する所《ところ》有《あ》れば、則《すなわ》ち其《そ》の正《ただ》しきを得《え》ず**」。心に恐れがあれば、その場合も行為が偏ってしまうわけですね。

さらに「**好楽《こうらく》する所《ところ》有《あ》れば、則《すなわ》ち其《そ》の正《ただ》しきを得《え》ず**」。これは皆さんもよく経験していることだろうと思います。何か好きなことをやっていますと、理屈をつけて偏った行為を平気でやってしまう。

また「**憂患《ゆうかん》する所《ところ》有《あ》れば、則《すなわ》ち其《そ》の正《ただ》しきを得《え》ず**」。「患」というのは、今は病気の意味に使いますけれど、これは心の憂いなんです。心の痛みを「患」といいます。憂も患も同じように、心に何か心配事があれば正しい判断ができないので、正しい行為が取れないわけです。

これは一ついえばわかるところですけれども、人間の感情というものが乱れてくると、その感情に侵されて誤った行為をするということを説いたものです。

そして、「**心焉《こころここ》に在《あ》らざれば、視《み》れども見《み》えず、聴《き》けども聞《きこ》えず、食《くら》えども其《そ》の味《あじ》わいを知《し》らず**」と。これは大変有名な諺《ことわざ》で、後世非常によく聞かれる言葉ですね。そういうわけだから「**此**《これ》**を身**《み》**を修**《おさ》**むるは、其**《そ》**の心**《こころ》**を正**《ただ》**しくするに在**《あ》**りと謂**《い》**う**」ということなんです。

忿懥する所、恐懼する所、好樂する所、憂患する所、すべてこれは「心焉に在らず」の一つの場だということがいえますね。心があるものに引っかかって、とらわれてしまって、その結果、「心焉に在らず」ということになる。何かにとらわれると、どうしてもそちらに心が惹かれてしまいます。人間の心はいくつも動くことはできませんから、一つにとらわれると他のほうに判断が及びません。

そうすると「視れども見えず」、目は見ているように見えていても実は見えていない。見るというのは、目が見るのではなくて心が見るわけですからね。目が見るというのは、ただ物が光というものによって目に入ってくるというだけです。つまり、目は物を通す器官に過ぎない。実際にその物を見るのは、頭の中にあるところの心です。心が物を見ているわけですから、その心が他のことに惹かれて引きずられてしまっていると、見ているようで実は何も見ていないということになってしまう。

また「聴けども聞えず」。聞くというのも、耳は鼓膜を揺り動かしているだけなんですね。それを聞いて判断するのは心の働きです。科学的にいうならば、大脳の聴覚中枢が聞いているわけです。心が働かないということは、聴覚中枢が働かないことだから、いくら鼓膜に届いていていても意識できないんです。

次の「食《くら》えども其の味わいを知らず」も同じです。味覚というのは舌が味わうわけですが、味覚を司《つかさど》っているのは大脳の中枢ですから、心が働かないと味がしないことになる。

これらはすべて昔から考えられていたんですね。物を見るのも、聞くのも、味わうのも、すべて心の働きである。心が他にかかずらわっておれば働かなくなるということを昔の人も知っていたんです。

心が偏ってしまうと正しい行いができなくなってしまう。だから身を修めるには、心というものを正しく働かせ、偏りのないようにする。それが「其の心を正しくする」ということです。

「**此を身を修むるは、其の心を正しくするに在りと謂う**」。「身を修むる」というのは言行が立派であるということですから、それを立派にするためには、まずその本であるところの心を偏りのない正しい働きができるようにすることが大事です。以上説明してきたことは、このことをいっているのであるというわけです。

「見聞」という言葉がありますね。「見聞を広める」といいますが、「見」は目の働きだから「目」という字がついています。「聞」は耳の働きですから「耳」という字がある。つまり、見るとか聞くというのは、目の働き、耳の働きを表したものなんです。目の働きとして物を見るのが「見」、耳の働きとして音を聞くのが「聞」です。それに対して、「視」や「聴」は意思が入っています。目を開いて自然に見えてくるというのは目の働き。だから「見える」という見え方もあるわけですね。別に見ようと思って見るわけではない。目を開いていたら自然に見えてきた。それが「見」なんです。聞こうとしなくても自然に音が聞こえてきた。これは「聞」なんです。それに対して「視」とか「聴」というのは、自分で意思を持って見ようとし、聞こうとして聞いているということです。

テレビを視聴するというのは、ぼやっとして見えてくるわけではなくて、見ようと思って見るわけです。だから、視聴率がいいとか悪いというのはうまく表している。見聞率ではなく視聴率が正しい使い方です。視聴というものは、意思が働かないと視聴とはいわないんです。単に「見る」というのは人間の目の働きとしての機能を表した言葉です。

日本語ぐらい抽象性が高い言葉はないですね。たとえば、「高い」という言葉は「声が高い」「地位が高い」というように、いろんなものに使われます。「見る」にしてもいろんな見方があります。どこの国の言葉でも見方によっていろんな表現があります。たとえばlookとseeはあまり違わないけれども、gazeというような見方もあります。漢字になるともっとたくさんあります。そういうのを日本語に翻訳するときに形容詞をつけて、「ちょっと見る」「仰ぎ見る」「ずっと見渡す」というように変えて表現しているわけです。いろいろな修飾語をつけることによって、いろんなものを表すことができるようになっているんですね。

所謂《いわゆる》其《そ》の家《いえ》を斉《ととの》うるは、其《そ》の身《み》を修《おさ》むるに在《あ》りとは、人《ひと》其《そ》の親《しん》愛《あい》する所《ところ》に之《ゆき》て辟《へき》す。其《そ》の賤悪《せんお》する所《ところ》に之《ゆき》て辟《へき》す。其《そ》の畏敬《いけい》する所《ところ》に之《ゆき》て辟《へき》す。

其《そ》の哀矜《あいきょう》する所《ところ》に之《ゆ》きて辟《へき》す。
其《そ》の敖惰《ごうだ》する所《ところ》に之《ゆ》きて辟《へき》す。
故《ゆえ》に好《この》んで其《そ》の悪《あく》を知《し》り、悪《にく》んで其《そ》の美《び》を知《し》る者《もの》、天下《てんが》に鮮《すく》なし。

修身の次は齋家。「**其《そ》の家《いえ》を斉《ととの》うるは、其《そ》の身《み》を修《おさ》むるに在《あ》り**」ということです。一家を立派に治めていくためには、まず一家の長自身の言行がよく修まらなくてはいけない。それはどういうことかというと、以下の通りであるといって、その説明をしています。

「**人《ひと》其《そ》の親愛《しんあい》する所《ところ》に之《ゆ》きて辟《へき》す**」というのは、人間は自分の親しみ愛する者がいると、どうしてもそちらを依怙贔屓《えこひいき》しがちだということです。それが人情なのだと。自分の親しい者、愛する人に対しては、どうしても偏った見方をしてしまう。

この「辟」という字は、しんにょうがつくと「避」という字になりますでしょう。要するに「辟」というのは「避ける」という意味なんです。元来この字にある「辛」

は、罪人に刺青《いれずみ》を施すところの注射針を表しております。徳川時代には罪人のしるしとして刺青をしました。「辛」という字は、その注射針をかたどった字です。それで「つらい」、大阪の言葉でいえば「しんどい」というような意味になるんですね。

また、「尸」という字は俗に「しかばね」といわれますけれども、本当はここに「死」という字がある「屍」が「しかばね」で、「尸」は人間の形を表しています。ですから、「古」という字がありますと「居る」という字になるでしょう。

この「居」は「キョ」という音ですね。「コ」というのは呉音で、漢音は「キョ」です。たとえば「去」という字は「去年《きょ》」と読みますが、「去年《コソ》」という言い方もある。「去」という字には、「コ」という呉音と「キョ」という漢音があるんです。

漢音と呉音の区別は知っていますか？　聖徳太子が中国に遣隋使を派遣しましたね。これが日本と中国の国交の始まりです。これは皆さんご存知でしょう。聖徳太子が遣隋使を派遣した隋の都は今の長安あたりにありました。だから、遣隋使以降はそこの言葉が入ってきました。しかし、それ以前はいわゆる呉の地方、揚子江の南岸あたりの言葉が入ってきていたんです。この辺は中国でいうと南の果てです。

周の文王のおじいさん（古公亶父《ここうたんぽ》）は、昌という立派な孫（昌、のちの文王）が生まれたときに赤いツバメが飛んできて吉兆があったので、三男である季歴の子である昌に跡を取らせたいと考えました。すると古公亶父の長男の太伯と弟の虞仲は父親の心を推し量って、昌に位を継がすためには自分たちがいては邪魔になるというので家を離れました。そして行った先が呉なんです。そのあたりは当時の中国の風習から外れた四夷《しい》、つまり中華に対して蛮国であったわけです。その地方が日本には一番近かったので、呉の発音が日本に入ってきていたわけです。

だから聖徳太子以前は、漢字はすべて呉音で読まれていました。ところが聖徳太子が遣隋使を派遣してみると、今まで習った漢字の読み方とまるっきり違うことがわかった。それで、聖徳太子の時代から一生懸命になって都の標準語を入れたわけです。そして、それが漢字の正式な発音だというので漢音と名づけ、それまでの音は呉の地方が主であったので呉音と名づけたんですね。

ですから、呉音が入ったのは非常に古いんです。古いから馴染んでしまって、たとえば「絵」という字を「え」と読むのは呉音ですけれども、まるで日本語のようになっています。漢音では絵を「カイ」と読みます。このぐらい呉音と漢音では違います。「馬」を「うま」と読むのも呉音から来ています。本来の呉音では「ま」ですが、それだけだと読みにくいので「う」をつけて「うま」と読みました。梅もそうです。呉音では「め」といいますが、「う」をつけて「うめ」と読む。これはみんな呉音から来ているんです。

呉音というのは、もう日本語みたいになってしまっているものがある。漢音が入ってくるかなり前から入っているので、日本語のようになっているんです。そういうものによって日本語の語彙が膨らんで来ているわけですね。

どうもこういうところから見ると、馬という漢字が入って来る以前、日本には馬はいなかったようですね。いれば国語にあるはずです。牛はいたのでしょう。だから日本では昔は馬車がなくて牛車《ぎっしゃ》でしょう。

どうも変な横道に入ってしまいましたけれども、とにかく「居」は「キョ」という音声を示すために「古」が入ったわけです。「居」の呉音は「コ」です。一言居士なんていう「居士《こじ》」は呉音で読んでいるんですね。

この「辟」は人に刺青の注射を刺そうとしているところを示しています。ですから「避ける」わけですね。「逃げる」ということ。「尸」の下に「口」がありますけれど、これは「口」ではなくて、実は「玉」を表しています。今、「たま」という字を書く場合は「玉」と書きますけれども、「趙氏連城の璧、由来天下傳う」なんていう「たま」は「璧」という字を書きます。ところが、この「璧」という字の本字には「玉」がついていないんです。つまり、「辟」です。だから「辟」には「玉」の意味があるんですね。

それゆえに「辟」という字は、本当は「避ける」という意味ではないんです。これはまた中国の得意な、音が同じならばどうでもいいというやり方です。ですから本当は「玉」という意味の字なのですけれど、「避ける」あるいは「偏る」という意味に使っているんですね。

「辟」にヤマイダレがつくと「癖」という字になります。これは好き性で偏っている。人間の性格的な偏りを引き継ぐのが「癖」。人間の性格的な偏りを「癖」といいます。ですから、人間というものは、自分の親しい者、愛する人がいると、どうしてもそちらのほうに偏って、偏った見方をする。つまり依怙贔屓をするということです。

また「賤悪する」というのは賤《いや》しむ、それから憎むこと。「悪《お》」とは「憎む」という意味です。「悪い」という意味のときは「あく」と発音し、憎むときには「お」と発音することが多い。これは「賤悪《せんお》」と読みます。卑しめ憎く思う。そういうものに対しては偏った見方をしてしまいます。「坊主憎けりゃ袈裟《けさ》まで憎い」といって、普段憎んでいる人間の行為というものは良い行為でも悪く見えてくる。こういうところがあるわけです。それが「**其《そ》の賤悪《せんお》する所《ところ》に之《ゆき》て辟《へき》す**」ということ。

同様にして「畏敬する所に之て辟す」。自分が普段尊敬している人の行為は、悪いものでも良く見えてしまって感心してしまうことがあります。これも「辟」です。森鷗外の『寒山拾得《かんざんじっとく》』を見ればよくわかります。畏敬する人に対して何もかもがよく見えてくるわけです。「**其《そ》の畏敬《いけい》する所《ところ》に之《ゆき》て辟《へき》す**」というわけですね。

次の「**其《そ》の哀矜《あいきょう》する所《ところ》に之《ゆき》て辟《へき》す**」の「哀矜」は「憐《あわ》れむ」という意味です。自分の憐れんでいるような人に対しては、やはり偏りがある。

それからまた「**其《そ》の敖惰《ごうだ》する所《ところ》に之《ゆき》て辟《へき》す**」。「敖惰」の「敖」は「驕《おご》る」という意味がありますけれども、「敖惰する所」というのは「気楽に飾らずに付き合っている人間については」という意味に解釈されております。そういう人に対してもやはり偏りがあるということです。

人間はそれぞれ自分との関わり合いにおいて人を偏って判断しがちです。そういう実例を、親愛する所、賤悪する所、畏敬する所、哀矜する所、敖惰する所というような具合に分けて説明しただけの話です。もっと細かく分けようとすれば分けられるでしょう。これはあまりとらわれないでよろしいと思います。

要するに、人間というものは、次にあるように「**故**《ゆえ》**に好**《この》**んで其**《そ》**の悪**《あく》**を知**《し》**る**」好きな人はなんでもかんでもよく見えてくる。だから、好きな人に欠点があった場合、その欠点を見抜くことはなかなか難しい。あの人は好きだけれども、あの人にはああいう悪い点があるんだと見ることはなかなか難しいということです。

その反対に「**悪**《にく》**んで其**《そ》**の美**《び》**を知**《し》**る**」。自分が憎んでいる者は、なんでもかんでもみんな憎く見えてくる。立派な行為があっても、その立派さがわからない。わからないというより、見ようとしないんですね。何かとケチをつけて見る。

好きな人の欠点を見たり、憎んでいる人の良い点を見ることのできる者は「**天下**《てんが》**に鮮**《すく》**なし**」世の中に少ない。どうしても人間というものは、自分の情に引かれて、親しい者はよく見るし、憎んでいる者は厳しく見る。こういうことです。

故《ゆえ》に諺《ことわざ》に之《こ》れ有《あ》り。曰《い》わく、人《ひと》其《そ》の子《こ》の悪《あく》を知《し》ること莫《な》く、其《そ》

の苗《なえ》の碩《おお》いなるを知《し》ること莫《な》し、と。

「**諺《ことわざ》に之《こ》れ有《あ》り**」というのは「こういう諺がある」という意味です。漢文では「諺有之」と書きます。「何々がある」というときには「有」が一番上にくるのが普通です。英語だってそうでしょう。There is the ~という具合に「物がある」というときには主語が下に来ます。ですから、ここも本来は「有」の下に「諺」が来て「有諺」でなければいけないはずですが、ここでは「その諺にあるんだ」と諺を強調する言い方をするために、諺が上に来ているわけです。

どういう諺があるかというと、「**人《ひと》其《そ》の子《こ》の悪《あく》を知《し》ること莫《な》く、其《そ》の苗《なえ》の碩《おお》いなるを知《し》ること莫《な》し**」と。人間というものは自分の子どもはなんでも贔屓目に見ますから、悪いことをしても、その悪というものに気づかない。自分の子が悪いなんていわれても、「いやいやうちの子に限って」というように思うのが親の情です。

それから「**其の苗の碩いなるを知ること莫し**」。その反対に、隣の芝生は綺麗に見える。自分の畑の苗は隣の畑の苗よりいいにもかかわらず、「自分のところは貧弱だ」と見がちである、と。「あなたの畑の苗は立派だ」といわれても、自分の畑に満足する人は少ない。これは欲の成せるわざ、欲に心が動かされているからです。

そういう諺があるけれど、いずれにしても、これは皆、感情に惑わされているということなんですね。

此《これ》を身《み》修《おさ》まらざれば、以《もっ》て其《そ》の家《いえ》を斉《ととの》う可《べ》からずと謂《い》う。

これは「此れ、身修まらざれば、以て其の家を斉う可からざるを謂う」と読んでもいいわけです。以上述べてきたことは、このことを説明しているのだということです。

自分の家族を立派に教え導く

所謂国《いわゆるくに》を治《おさ》むるには、必《かなら》ず先《ま》ず其《そ》の家《いえ》を斉《ととの》うとは、其《そ》の家教《いえおし》う可《べ》からずして、能《よ》く人《ひと》を教《おし》うる者之《ものこ》れ無《な》し。故《ゆえ》に君子《くんし》は家《いえ》を出《い》でずして、教《おしえ》を国《くに》に成《な》す。孝《こう》は君《きみ》に事《つか》うる所以《ゆえん》なり。弟《てい》は長《ちょう》に事《つか》うる所以《ゆえん》なり。慈《じ》は衆《しゅう》を使《つか》う所以《ゆえん》なり。

そこで為政者たる者は、国を治めるためには必ずまず自分の家をよく治める必要がある。「**国《くに》を治《おさ》むるには、必《かなら》ず先《ま》ず其《そ》の家《いえ》を斉《ととの》う**」といっているそのわけは、以下のようなものである、と。

まず「**其《そ》の家教《いえおし》う可《べ》からずして、能《よ》く人《ひと》を教《おし》うる者之《ものこ》れ無《な》し**」。「其の家」というのは「その家族の者に対して」という意味です。自分の家族に対して、これをよく教え導くことができないようであって、赤の他人をよく教え導くことができるという者はあり得ない。「之れ無し」は、そういう者はない。いいかえれば、自分の家族を立派に教え導くことができるようであって初めて、他人を教え導くということも可能になってくるということです。これも本末の関係でいえば、まず近い自分の家族というものを教え導くことができることが根本になるということです。

そういうわけだから、「**君子《くんし》は家《いえ》を出《い》でずして、教《おしえ》を国《くに》に成《な》す**」。この「君子」というのは立派な為政者を指すと見ていいわけです。立派な為政者は「家を出でずして」は「自分の家にいながらにして」ということ。「教を國に成す」国民を教え導くことができる。なぜならば、先ほどいったように、家族を教え導くことが立派にできるようならば、当然それを押し広げていけば他人も教え導くことができるからです。だから、家族を教え導くという実績を持って、それを押し及ぼしていけば、家にいながらにして教えを国民に対して立派に完成させることができる。

そのことを今度はもっと細かく、またわかりやすく砕いたのが「**孝《こう》は君《きみ》に事《つか》うる所《ゆ》**

以《え》なり」です。「孝」というのは家の中の話ですね。その為政者が子どもとして親に立派に仕えるならば、それをそのまま外へ持ってくれれば、国君（国王）に対して仕える道に繋がるわけですね。

次は「弟《てい》は長《ちょう》に事《つか》うる所以《ゆえん》なり」。「弟」というのは、自分の兄に対して弟の道を尽くさなくてはいけない。つまり自分の目上に仕えることが「弟」ということです。自分の兄に対して立派に仕えられるという人間は、それをそのまま外に及ぼしていけば、今度は全く赤の他人である長上・長老に対しても立派に対応ができるわけです。

そして「慈《じ》は衆《しゅう》を使《つか》う所以《ゆえん》なり」の「慈」は、親が子どもに対して恵むという意味です。子どもを慈愛深く養育することを表しています。自分が親として慈愛の心を持って子どもをうまく育てることができる人間は、それをそのまま国民に及ぼせば「衆を使う」ことができるということに繋がるわけです。

孝とか弟とか慈というのは、いずれも家にあって立派に家族に相対する道を表したものです。ですから、「其《そ》の家《いえ》教《おし》う可《べ》からずして、能《よ》く人《ひと》を教《おし》うる者《もの》は之《こ》れ無《な》し」という句に相対しているわけです。それぞれの家にあって、その家族にうまく対応できる。孝は父に対して、弟は兄に対して、慈はわが子に対して対応することです。これがそのまま国君に仕える道に繋がり、長老に仕える道に繋がり、国民を使う道に繋がるわけですね。

中国の「忠」というのは、日本の忠孝という場合の「忠」とはちょっと違います。日本では昔から天皇に対する純粋な気持ちを「忠」といいましたけれど、「忠」とは元来「真心」という意味ですから、これは何も国君にだけとは限らない。中国においては、相手が誰でもその人に対して真心から相対することを「忠」といいます。

康誥《こうこう》に曰《い》わく、赤子《せきし》を保《たも》つが如《ごと》くすと。心誠《こころまこと》に之《これ》を求《もと》めば、中《あた》らずと雖《いえど》も遠《とお》からず。未《いま》だ子《こ》を養《やしな》うことを学《まな》んで而《しか》る后《のち》に嫁《か》する者有《ものあ》らざるなり。

『書経』の康誥篇に「**赤子《せきし》を保《たも》つが如《ごと》くす**」とある。これは国を治めるのには、為政者たるものが国民をあたかも赤ちゃんを保育するような気持ちでやれば、国は立派に治まるということを説いています。私の本ではこう説いています。「国民に対しては赤子《せきし》を養育するような気持ちで接すれば、よく治まる」。それが康誥篇に出ている言葉の意味です。

「心誠《こころまこと》に之《これ》を求《もと》めば、中《あた》らずと雖《いえど》も遠《とお》からず」。本心から真剣にこれを求めるという気持ちがありさえすれば、完全とはいわないまでも、ほぼ目的を達することができる。「中る」というのは、弓で的を射て真ん中に命中するということですね。そのど真ん中を射ることはできなくても、そんなに離れることはない。つまり、大体、的の中に矢が入るということをいっているんですね。

本当に真剣になってやろうと思えば、完全にはできなくても、まああのところには必ず行くはずである。それができないということは真剣味が足りなかったといわざるを得ない。だから、なんでも成功しないというのは、真剣味がそれだけ足りないということです。真剣にやれば一応の成功は見ることができるはずだというのが、この意味です。

次にその例を挙げています。お嫁に行けばやがて子どもが生まれて育てることが大事になってきますが、子どもを養い育てるということを体験してからお嫁に行くわけにはいきません。お嫁に行ってから子どもが生まれるわけだし、その子どもを育てる。そういう体験を一応した上でお嫁に行けば立派なお嫁さんになるとしても、それは無理な話です。だから、「**未《いま》だ子《こ》を養《やしな》うことを学《まな》んで而《しか》る后《のち》に嫁《か》する者《もの》有《あ》らざるなり**」と。そんなことをしている者は世の中にいない。

しかし、何も経験しないで嫁いで行っても立派に子どもが育てられるということは、本当に真剣に子どもを育てなくてはいけないという熱意があるからです。これが「心誠に之を求めば、中らずと雖ども遠からず」ということなんだね。つまり、子どもを一人前に育て上げることができる理由なのだということです。こういう真剣さが為政者には必要なんです。

一国の存亡は為政者の行動にかかっている

一家《いっか》仁《じん》なれば、一国《いっこく》仁《じん》に興《おこ》り、一家《いっか》譲《じょう》なれば、一国《いっこく》譲《じょう》に興《おこ》り、一人《いちにん》貪戻《どんれい》なれば、一国《いっこく》乱《らん》を作《な》す。其《そ》の機《き》此《かく》の如《ごと》し。此《これ》を一言《いちげん》事《こと》を僨《やぶ》り、一人《いちにん》国《くに》を定《さだ》むと謂《い》う。

そのように真剣になれば何事もまずまずできるということから、為政者のなすべきことを説いています。

「**一家《いっか》仁《じん》なれば**」は「一家が仁に治まれば」という意味。要するに、為政者が家人に対して自ら仁の徳を実践する、家人に対して仁の精神を持って接しているならば、その家族が感化させられて一家が仁になる。「一家仁なれば」というのはそういうことをいっているわけですね。

そうすれば、それが今度は国民に及んで「**一国《いっこく》仁《じん》に興《おこ》り**」、一国が仁になる。国民が仁徳を実践して、そして国が盛んになる。「仁に興る」というのは、国民がみんな仁徳を身につけることによって国が栄えるということです。

「**一家仁なれば、一国仁に興り**」と、ここは「一家」とありますけれども、あとに「**一人貪戻《いちにんどんれい》なれば**」とありますから、「一人が一家に及ぼし、そしてその一家が仁であれば」というように取ったほうがいいと思います。為政者個人がまず仁という徳を身につける。それが一家に押し及んで一家が仁になる。そうすると、それが今度は国に及んで一国が仁になるということです。

同様にして、「**一家譲《いっかじょう》なれば、一国譲《いっこくじょう》に興《おこ》り**」。この「譲」というのは、人に対して自分のものを譲ることです。これは非常に重要なことですね。力のある者は力のない者に譲るべきです。有無相通ずる、有る者が無いものに力を貸してやる。それが「譲」です。そういう譲の徳が為政者から家人に及び、そして一国に及ぶときには非常に国が盛んになるというわけです。

その反対に「**一人貪戻《いちにんどんれい》なれば**」。「貪」とは「貪欲」のことですね。貪ること。足ることを知らない、満足することを知らない。あればあるほど、ますますそのものを欲するというのが貪欲です。「戻」というのは「徳に悖《もと》る」ことをいいます。「戻」という字は元来、犬が家へ帰ってくることを意味します。犬というのは外へ出ても必ず家を忘れずに戻ってきます。この「戻る」というのが「戻」の本来の意味です。そして「戻る」ことから「悖る」という意味になります。つまり、正しい行いに違反する、背徳的な行為といったものを「戻」というようになりました。

為政者が貪欲で、背徳的な行為をなすようになると、国民もそれに倣って欲をかき、自分のことだけを考え、人のことを顧みないようになる。それゆえに、結局「**一国乱《いっこくらん》を作《な》す**」元になるわけです。

「**其《そ》の機《き》此《かく》の如《ごと》し**」というのはつまり、一国が盛んになるのも乱れるのも、元はたった一人、為政者一人の行いが立派であるかどうかということにかかっているということ。「機」とは「弾み」です。良くなるのも悪くなるのも、その弾みというものは、この微妙な、たった一人の行為が立派であるか、それとも醜い行為であるかということにかかっている。実に微妙なものなのです。

このことを「**一言事《いちげんこと》を僨《やぶ》り、一人国《いちにんくに》を定《さだ》む**」という。そういう俗言がある所以である、と。

一言《いちげん》、一人《いちにん》といっていますけれど、これは一つにまとめると、たった一人のわずかな一言が国を立派にもするし、反対に国を滅ぼすことになるということ。事業を失敗させるようなことももちろんですし、これを大にすれば国を破滅させることになるといっているんです。

たった一人の、たった一言が、このように国を滅ぼしもし、国を盛んにもするので、実に為政者たるものは自分の身を本当に正しく保つことに努力しなければいけないということです。

わが身をつねって人の痛みを知る

堯舜《ぎょうしゅん》は天下《てんが》を帥《ひき》いるに仁《じん》を以《もっ》てして、民之《たみこれ》に従《したが》う。
桀紂《けっちゅう》は天下《てんが》を帥《ひき》いるに暴《ぼう》を以《もっ》てして、民之《たみこれ》に従《したが》う。
其《そ》の令《れい》する所《ところ》其《そ》の好《この》む所《ところ》に反《はん》しては、民従《たみしたが》わず。

是《こ》の故《ゆえ》に君子《くんし》は、諸《これ》を己《おのれ》に有《ゆう》して而《しか》る后《のち》に、諸《これ》を人《ひと》に求《もと》め、諸《これ》を己《おのれ》に無《な》くして而《しか》る后《のち》に、諸《これ》を人《ひと》に非《ひ》とす。身《み》に蔵《ぞう》する所恕《ところじょ》ならずして、能《よ》く諸《これ》を人《ひと》に喩《おし》うる者《もの》、未《いま》だ之《こ》れ有《あ》らざるなり。故《ゆえ》に国《くに》を治《おさ》むるは、其《そ》の家《いえ》を齊《ととの》うるに在《あ》り。

「**堯舜《ぎょうしゅん》は天下《てんが》を帥《ひき》いるに仁《じん》を以《もっ》てして、民之《たみこれ》に従《したが》う**」。『十八史略』などでは、堯は帝堯陶唐氏、舜は帝舜有虞氏という名前で呼ばれました。中国の三皇五帝という古代の聖天子の代表的なものですね。その堯舜は徳を以て天下を率いた。つまり、仁の徳を身につけて、それで天下に臨んだわけですね。そして国民を統率したから、国民も喜んでこれに従ったわけです。

それに対して「**桀紂《けっちゅう》は天下《てんが》を帥《ひき》いるに暴《ぼう》を以《もっ》てして、民之《たみこれ》に従《したが》う**」。夏の桀王、殷の紂王は暴力で天下を統治しようとした。その場合でも国民はこれに従った。なぜなら、従わなければ殺されるからでしょう。この場合は喜んで従ったのではなくて、嫌々ながら従ったということでしょう。

「其《そ》の令《れい》する所《ところ》其《そ》の好《この》む所《ところ》に反《はん》しては、民《たみ》従《したが》わず」。しかし、為政者が国民に対して要求するところが国民の好むところと全く正反対であるという場合は、国民は心からは従わない。逆らえば殺されるという場合には、表面的には従うかもしれないけれども、それは本心から従うものではない。


「是《こ》の故《ゆえ》に君子《くんし》は、諸《これ》を己《おのれ》に有《ゆう》して而《しか》る后《のち》に、諸《これ》を人《ひと》に求《もと》め」。だから立派な為政者というものは、国民に要求する前に自分にまず要求する。そして、自分でできるということを見定めてから、自分にできることを国民に要求する。自分でできもしないようなことは国民に絶対に要求しないということですね。あくまでも自分にできるという見込みがついてから、国民に要求するんだと。

また、**「諸《これ》を己《おのれ》に無《な》くして而《しか》る后《のち》に、諸《これ》を人《ひと》に非《ひ》とす」**。「非とす」とは「してはいけない」「禁止する」ということですね。してはいけないというようなことも、まず自分がそれを守れるかどうかをやってみる。「諸を己に無くす」悪い行為、禁止するような行為を自分が本当に禁止できるかどうかということをやってみて、自分が本当にそれを禁止できるならば、初めて「こういうことは良くないことだからしないようにして欲しい」という具合に国民に対して禁止する。

「**身《み》に蔵《ぞう》する所《ところ》恕《じょ》ならずして、能《よ》く諸《これ》を人《ひと》に喩《おし》うる者《もの》、未《いま》だ之《こ》れ有《あ》らざるなり**」。修養に努めて身に徳を養うことを「身に蔵する」といいます。つまり、修養に努めることです。そして、「恕ならず」の「恕」は他人を思いやる気持ちです。自分と相手は同じように考えるだろう。自分が欲しいと思うものは相手も欲しいと思うだろう。そういうふうに自分と相手は同じだと思う。

つまり、「わが身をつねって人の痛さを知れ」というのが「恕」なんです。ですから、自分が欲しいものは相手にもそれを与えるようにする。自分の徳を人にも及ぼしていくというのが「恕」なんです。その「恕」があって初めて、人を教え導くことが可能になるというわけです。

「**君子《くんし》は、諸《これ》を己《おのれ》に有《ゆう》して而《しか》る后《のち》に、諸《これ》を人《ひと》に求《もと》め**」という言葉が恕の精神を表しています。ですから、自分にできもしないことを国民に要求し、自分が守りもしないようなことを国民に禁止する。こういう行為が「**恕ならずして**」ということです。為政者がそうであれば、「**能《よ》く諸《これ》を人《ひと》に喩《おし》うる者《もの》、未《いま》だ之《こ》れ有《あ》らざるなり**」。つまり、国民を立派に教え導けるなんてあるはずがない。だから、為政者には「恕」が大事なんだということです。

「恕」というのは結局、自分からだんだんだんだんと押し及んでいく精神なんです。自分が立派になり、家が立派になり、そしてそれが国に押し及んで国が立派になる。**「故《ゆえ》に国《くに》を治《おさ》むるは、其《そ》の家《いえ》を斉《ととの》うるに在《あ》り」**だから、国を治めるにはその前に自分の家が立派に整っていなければいけない。自分の家族を教え導くこともできないのに、国を立派にしようなんて、それこそおこがましい話です。

ところが、どうも為政者というのは、そういう人が多いようですね。だから成功しない。やはり、まず自分というものを立派にして、「あの人のいうことならば」といって誰もがついてくるようにならなくてはいけません。そうでないと、一家も興らなければ、一国も興りはしないんです。

そういうわけで、国を治める基本は、家族をよく和合させてよく家を治めることにあるのです。

仁とは人である

この「**身に蔵する所恕ならずして**」というところは、人の気持ちを自分の心から察してみる。「我が身をつねって人の痛さを知る」といいましたが、「我と相手とは同じ人間なんだ。同じことに喜び、同じことに苦しむそういう人間である」と察するということですね。「恕」というのは「如（ごとし）」という字ですから、相手は自分と同じだというように考える。その気持ちが「恕」なんです。

これを孔子は非常に貴びました。『論語』に「子曰く、参《しん》や、吾が道は一《いつ》以て之を貫く。曾子曰く、唯。子出ず。門人問うて曰く、何の謂《い》いぞや。曾子曰く、夫子《ふうし》の道は、忠恕のみ」という言葉があります。この「忠」と「恕」を孔子は特に重視したわけです。孔子の教えは一言でいうと「仁」ということになりますが、この「仁」をさらにわかりやすくいうならば、「忠」と「恕」の二つに分けて考えればよろしいのです。

特に「仁」というのは、実は「恕」なんですね。「恕」は相手の気持ちを思いやる・察することですが、それが「仁」なんです。「仁」という字は「ジン」と発音します。これは「人（ジン）」と同じです。英語ではヒューマニストとかヒューマニズムというような言葉がありますけれど、いかにも人間らしい人間、理想的な人間像、それを「仁」と孔子はいったのです。

「仁」という字は決して特別な字ではありません。ただ「人」と書いてもいいわけです。「仁は人なり」という解釈もあります。そこに「二」という字がついたのは、人間というのは一人では存在できないものだからです。

人間らしさとは一体どこにあるかといえば、個々の存在の心を我が心のごとく考えられるということでしょう。「聖人は天地万物を以て己と一体と為す」という言葉があります。偉大な人間ほど多くの人を抱擁できる。多くの人の気持ちを我が心のごとく敏感に感じ取ることができる。そういう為政者が最高だと思うんです。

つまり、一国の総理になってあらゆる日本人の気持ちがひしひしと感じられる。国民の誰といわず、そこに苦しみがあればその苦しみを自分の苦しみのごとく感じられる。それが偉大な為政者でしょうね。他人の痛みが自分の痛みのごとく感じられるということは、「一体である」ということでしょう。つまり、神経が通い合っているわけです。それを大きくすると「聖人は天地万物を以って己と一体と為す」という言い方になる。これはよくわかるでしょう。

ですから、本当に偉大な人間というのは「天地万物すべて我」という気持ちが持てるのです。時には私なんかもそんな気持ちになりますけれども、いつでもそういう気持ちでいられることができれば最高ですね。

『論語』に「子曰はく、回《かい》や、其の心三月《さんげつ》仁に違《たが》わず。其の余《よ》は則ち日月《じつげつ》に至るのみ」とあります。孔子の最も愛した顔回は「三月仁に違わず」。三か月ぐらいはそういう状態を継続することができた。その他の弟子は「日に月に至るのみ」。時にはそういう境地に達するけれども、それはせいぜい一日か一か月ぐらいでしかなかった、と。ですから、それを継続できるように努力することが大事なんです。

「子曰はく、吾、十有五にして学に志す。三十にして立つ。四十にして惑わず。五十にして天命を知り、六十にして耳順《したが》う、七十にして心の欲するところに従って、矩《のり》を踰《こ》えず」と孔子はいいました。この「心の欲する所に従えども矩を踰えず」というところまで努力する。そうなるまでに孔子は七十までかかったわけですけれども、諸君は七十にならないうちにそういう境地に達するように努力してください。そうすれば必ずそうなる。失敗しても、七転び八起きです。だめなんだと諦めず、常に自分の心を高めていくことです。

為政者は「先憂後楽」でなくてはいけない

偉大な人間というのは、とにかく多くの人間を孝養できる。そして、その人間と神経が通い合えるような状態にする。人の苦しみを見て平気でいられるような人間ではだめなんです。人の痛みをちゃんと感じ取る。一国の総理だったら、日本人のすべての人々の苦しみがわかるようでなくてはいけません。

国民の苦しみを我が苦しみのごとく感ずる。これは別の言葉でいえば「先憂後楽」の精神です。「後楽」というのは、為政者たるものは自分の治めている国の国民すべてが楽しめるような状態になってからでなければ楽しめないということ。なぜかというと、「己と一体と為す」という気持ちを持っているからですね。すべての人が楽しめないうちに、自分一人が楽しんだって本当の楽しみは味わえないのです。

なかなか赤の他人の気持ちにはなりにくいけれども、しかし、誰だって我が子が病気であれば、親は子どもに代わってやりたいという気持ちになるわけですね。その気持ちをだんだん押し及ぼしていく。わが子に対してだけじゃなくて、それをもう少し広げていこうという努力をすることによって、為政者というものはわが子を愛するように国民を愛するようになる。それが「慈」ということでしたね。「慈は衆を使う所以なり」と前のところにありました。

「慈」という気持ちは、親が子どもを慈しむ気持ちです。最近はいろいろな親もいますけれど、親というものは大体子どもがかわいらしくてたまらない。為政者はそういう気持ちを持って、それをできるだけ広く及ぼしていく。また、そういうふうにしなければいけないということです。

それが「恕」なんです。人の気持ちを察し、人の痛さを自分の痛さのごとく感ずる。そういう気持ちがなかったら、人を教え導くということはできないということです。相手の気持ちに溶け込めるような、相手の気持ちがわかるような、そういう人間にならなければ人を教育できない。相手の気持ちを汲み取るという徳が身につかないでいて、それで人を教え導くなんていうことはできるわけがない。「能く諸を人に喩うる者、未だ之れ有らざるなり」とはそういう意味です。

和合する

詩《し》に云《い》わく、桃《もも》の夭夭《ようよう》たる、其《そ》の葉《は》蓁蓁《しんしん》たり。之《こ》の子《こ》于《こ》に帰《とつ》ぐ、其《そ》の家人《かじん》に宜《よろ》しと。其《そ》の家人《かじん》に宜《よろ》しくして而《しか》る后《のち》に、以《もっ》て国人《こくじん》を教《おし》うべし。

「桃《もも》の夭夭《ようよう》たる、其《そ》の葉《は》蓁蓁《しんしん》たり。之《こ》の子《こ》于《こ》に帰《とつ》ぐ、其《そ》の家人《かじん》に宜《よろ》し」までが『詩経』にある句です。「桃の夭夭たる」の「夭」とは、若々しい、瑞々《みずみず》しいということ。桃というと美しい実を連想するところですが、この「桃の夭夭たる」とは桃の木が若々しく、しかも「其の葉蓁蓁たり」葉っぱが青々と盛んに茂っているということです。

本来この「夭」という字は、首が傾いている人間の象形です。首の定まらない人間がいます。こういう人は長生きできないというので「若死に」という意味に「夭」という字を使うわけです。「夭折」といいますね。

また、艶《なま》めかしい婦人も「夭」といいます。首をかしげて男の心を惹くような、たぶらかすような婦人を「夭」というのです。だから「妖女」なんていう言葉がある。

また、この「夭」に「高」をつけると「喬」という字になります。これには「夭」の意味を特に強調した使い方と、「高」の意味を特に強調した使い方があるんです。

たとえば、「喬」に「馬」という字がついている「驕」になります。この字には「夭」の意味は全くありません。「背の高い馬」という意味になります。背の高い馬は体格がよくて勢いがいい。駆ければ千里は行く。そういう馬の姿から「驕り高ぶる」というような意味が出るわけですね。非常に勢いがいいという、そういう意味合いです。

それから「木」がつくと「橋」という字になります。中国の橋の写真を見るとよくわかりますが、眼鏡橋が多いんですね。曲線を描いた太鼓橋になっています。これは力学上、まっすぐより耐久力があります。それでこういう橋が昔から中国には多いわけです。

さて、「夭」という字の説明はそのぐらいにしておきましょう。この「桃の夭夭」というのは「若々しい」という意味になるわけですが、それをなぜここに持ってきたのかというと、あとにある「**之の子于に歸ぐ**」の「之の子」というのが、いかにも桃を連想するような若々しく瑞々しい乙女であることをいうためです。「桃のように若い娘が今嫁ごうとしている。この娘はきっと嫁ぎ先の家族とうまく和合していけるであろう」というのが、この『詩経』の句の意味です。

一つの言葉を持ってくるために、それを連想させるいろんな言葉を持ってくるというのは、ちょうど日本の和歌の枕詞あるいは序詞の働きに当たります。それが「桃の夭夭たる、其の葉蓁蓁」です。瑞々しい桃を連想させることによって、若さにふさわしい女性を彷彿《ほうふつ》させるんですね。

「之の子于に歸ぐ」の「歸」という字ですが、これは普通「かえる」と読んでいます。この字の意味は、「そのもの本来いるべきところに行く」ということです。「かえる」

とは「自分の家に行く」ことなんです。これは外に出た者が帰ってくることを意味します。自分の家の外に出て、そして自分の家へ行く。それを「かえる」というわけです。

しかし、ここの「歸」はそうではなくて、「本来その人のあるべきところに行く」という意味になります。だから、「かえる」と読んでもいいかもしれないけれども、別に「帰る」という意味ではない。女性にとって、本来あるべきところは自分の生家ではない。女性は嫁《か》して行く。嫁《よめ》になって行くわけですね。ですから、「嫁に行く先に行く」というのが、ここの「歸」の意味なんです。だからこれは「嫁《とつ》ぐ」ということを表しています。嫁ぎ先に行くのが「歸」。私たちは単に「かえる」と読んでいるけれども、いわゆる日本語の「帰る」とは違うわけですね。

ついでにいいますと、「かえる」はいろんな漢字で書きますね。「返る」というのは「反対の方向に行く」ことです。今まで来たものに対して反対に行く。「行き」に対して「返る」。今までと方向を全く反対に向かうのがこの「返る」です。それから「還る」というのは、「ぐるっと回って元に戻っていく」こと。「元に戻る」という意味ですが、そのときに同じ道を通るのではなくて、出たときとは別の道を通ってかえってくる。これがこの「還る」です。それに対して、「復る」というのは行きも帰りも同じ道を通ってかえってくるというときに使います。ですから「往復」といいますね。往復というのは、必ず行った道を通ってこなければ往復にならないんです。

今は「かえる」というと、ほとんど「帰」しか使わないですね。これがいけない。せっかく我々の先祖が人間の行為を細かく表現しようとしていろんな漢字を造ったわけですから、同じ「かえる」にもいろんな「かえり方」があることを理解して表現しなくてはいけないと思います。

旅行に出てあちこち回りながら元へ戻ってきた。それは「還る」ですし、同じ道を帰ってきたのなら「復る」を使う。自分の家へ帰るというときは、自分がいるべきところへかえるわけから、この「帰」を使うわけですね。こういうような使い分けができるのですから、皆さんも「かえる」を使うときには気をつけて使ってください。そういうことをしていかないと、思想を貧困にします。

ここでは「帰る」を「嫁ぐ」という意味で使っている。それは女性にとって嫁ぎ先がその人のいるべきところに行くことだと考えるからです。

日本の奈良時代などは都が代々変わりました。それは天皇が皇后のところへ通っていって、そこで生まれた子どもが即位をしたため、天皇が代わる度に都が変わったんです。男性が女性のほうに行ったからそうなったわけです。中国はそうではありません。女性が男性のところへ行った。それが後に日本に入ってきて、今のように女性が男性のところへ行くようになったのだと思います。今の日本と古代の日本では違うんですね。

この『詩経』の句にあるように、お嫁さんがその家の人たちと仲良く和合してやっていく。そのように家族の者とうまく和合できて初めて他人であるところの国民を教え導くことが可能になるんだ、ということです。つまり、ここは「**其《そ》の家人《かじん》に宜《よろ》しくして而《しか》る后《のち》に、以《もっ》て国人《こくじん》を教《おし》うべし**」ということをいうために『詩経』の句を持ってきているわけです。だから『詩経』の句全体が一つの枕詞になっているわけですね。

詩《し》に云《い》わく、兄《あに》に宜《よろ》しく弟《おとうと》に宜《よろ》しと。
兄《あに》に宜《よろ》しく弟《おとうと》に宜《よろ》しくして而《しか》る后《のち》に、以《もっ》て国人《こくじん》を教《おし》う可《べ》し。

これも全く前と同じようなことです。「**兄《あに》に宜《よろ》しく**」というのは「兄にうまく和合している」と説いてもいいですけれど、これは「宜しく兄たるべし」と読んで「兄として立派な兄である」という意味に説くこともできる。どちらの意味にとっても同じことをいっています。

つまり、兄として立派であり弟としても立派であるということが『詩経』に見えているけれども、そのように兄としても立派に振る舞える、弟としても立派に振る舞える。兄のほうは弟に「慈」の精神を持ち、弟のほうは兄に対して「弟」の徳を持って接する。こういうことが立派にできれば、「**以《もっ》て国人《こくじん》を教《おし》う可《べ》し**」赤の他人である国民を立派に教え導くことができるであろうということです。

人の手本になるような立派な行いをする

〓詩《し》に云《い》わく、其《そ》の儀《ぎ》忒《たが》わず、是《こ》の四国《しこく》を正《ただ》すと。

其《そ》の父子兄弟《ふしけいてい》として、法《のっと》るに足《た》りて而《しか》る后《のち》に、民之《たみこれ》に法《のっと》るなり。此《これ》を国《くに》を治《おさ》むるは、其《そ》の家《いえ》を斉《ととの》うるに在《あ》りと謂《い》う。

ここも『詩経』の句ですね。人間の行いを「儀」といいます。「儀」という字は人の義と書きます。この「義」という字には「我を美しくする」という意味がある。「義」の下の部分を大にすると「美」という字になりますね。つまり、我を美しくして、自分の行いを立派にすることが「儀」なんです。行いが正しくて、それで初めて「あの人は立派だな」といわれるようになるわけですからね。

立派だと人から認められるような境地に自分を高めるためには、その行いを立派にしなくてはいけない。ですから、「義」に人偏がついたんです。要するに、この「儀」とは為政者のことをいっているわけです。

「**其《そ》の儀《ぎ》忒《たが》わず**」為政者の行いが立派であれば、「**是《こ》の四国《しこく》を正《ただ》す**」自然とそれが押し及んで、隣接する四方の国々まで立派にすることができる。こういうことが『詩経』に書かれているけれども、結局、父として子として兄として弟として、「**法《のっと》るに**

足《た》り」とは「立派である」ということ。「**法《のっと》る**」は「法《のり》」、つまり「手本」という意味です。ですから、「法るに足る」は「立派なお手本となる」ということです。

父として立派なお手本になる、子としても立派な手本になる。あるいは、兄の手本であるとか弟の鑑《かがみ》であるというように、父としても子としても兄としても弟としても、すべてその行いが立派なお手本になる。為政者がそのようであるならば、それは国民全体に自然と感化を及ぼして「**民之《たみこれ》に法《のっと》るなり**」、その為政者のお手本のままに立派になるということです。

国が立派になる本は、まず為政者が一身の身を美しく、清くする。そういうことに努力するということにあるわけですね。そして自分の家を立派にするということが一番の基本になる。ですから、「**此《これ》を国《くに》を治《おさ》むるは、其《そ》の家《いえ》を斉《ととの》うるに在《あ》りと謂《い》う**」。国を立派に治めるというその前に、まず為政者が自分の家を立派に整える。つまり、家族を立派に和合させる。そういう力も発揮できないような為政者がどうして国民を教え導くことができるかといっているわけです。

孔子のいうところは、いつでも「近きより遠きに及ぼす」というものです。まず手近なところをしっかり固めて、それを軸に遠くに及ぼしていく。その順序を誤ると、

「其の本乱れて末治まる者は否ず」で、うまくいかずに徒労に終わる。しかし、そこはなかなか難しくて、どうしても順序を飛び越してやろうとするものですから、一時見かけはよくなったように思っても、いつの間にかだめになってしまう。どうも人間のやっていることは三千年経ってもちっとも変わりないですね。

大学の道というものを本当に為政者がじっくりと実行していけば、後戻りのない本当の平和というもの、本当の理想の社会というものが実現できると思うんですけれど、どうしても飛び越してしまうんですよ。大抵の為政者は、自分のことをほったらかしにしておいて、自分の家庭もほったらかしにしておいて、そして国をなんとかしようとする。その努力によって、ある程度、国として整ったように見せかけることはできるでしょう。しかし、本物じゃないですからね。結局、元に戻ってしまう。

ですからやはり、じっくりと自分の身からだんだんと固めていく。それぞれのところでそういうじっくりとした攻め方をしていけば、本当の理想郷ができると思うんです。

年長者を敬い、孤児を憐れむ

所謂天下《いわゆるてんが》を平《たい》らかにするは、其《そ》の国《くに》を治《おさ》むるに在《あ》りとは、上老《かみろう》を老《ろう》として民孝《たみこう》に興《おこ》り、上長《かみちょう》を長《ちょう》として民弟《たみてい》に興《おこ》り、上孤《かみこ》を恤《あわれ》んで民倍《たみそむ》かず。

前に「古の明徳を天下に明らかにせんと欲する者は、先ず其の國を治む」とあったように、天下を平らかにするには、それに先立って自分の国を立派に治める必要がある。それには「**上老《かみろう》を老《ろう》として**」上の者が老人を老人として敬い、生活を立派に整えるようにしてやる。リーダーになる者がそういう手本を示せば、国民は自然とみんな感化せられて親孝行になり、その親孝行という徳によって国が盛んになる。「**孝《こう》に興《おこ》る**」というのは、孝という徳によって自然に国が盛んになっていくことをいいます。

また「**上長《かみちょう》を長《ちょう》として民弟《たみてい》に興《おこ》り**」。これは、年長者を年長者として敬うことですね。そういうようにすれば、国民も自然に年長者を年長者として尊敬するようになって、弟という徳によって国が盛んになる。

「上孤《かみこ》を恤《あわれ》んで民倍《たみそむ》かず」の「弧」は幼くして両親を失った者をいいます。年とってから親を失っても「弧」とはいわない。成人するまでに親を亡くしたような者でなければ「弧」とはいえないですね。自分で生計も立てられないような年齢のうちに親を失ったという人が「弧」です。そういう「弧」という者は生活が立ち行きませんから、リーダーが恤《あわれ》み育てることを考えれば、自然に人情というものが厚くなります。

この「倍《そむ》く」というのは「倍」という字を使っておりますが、これは「立」という字ですね。「立」という字は人間が両手を広げて地面の上に立っている形です。その下に「口」という字がありますね。これは意見が対立していることを表します。だから「そむく」という意味になるんです。ここに「人」がつくと「倍」という字ですから、これは人が対立しているということ。今までは仲良くやっていたけれど、意見の対立が起こった。こっちへ行こうという人間とあっちへ行こうという人間が出てきた。「倍」という字はそういう対立が起こって分かれることを意味します。

そこから一つのものが二つに増えることを倍というわけです。元は一つだったものが、二つになるわけですね。そういう関係になるのを「倍」という。二つあったものが四つになれば倍ですね。数学で「倍数」というような使い方をしているのは、そういう意味です。元来は「倍《そむ》く」という意味。対立して二つに分かれる。ですから、この「民倍かず」は「民が離反するようなことはない」ということ。上の者に人情があれば民も非常に人情深くなる。人情深くなった者が帝王を追放することは考えられないといっているんです。

自分がされて嫌なことを人にしない

是《ここ》を以《もっ》て君子《くんし》に絜矩《けっく》の道《みち》有《あ》るなり。上《かみ》に悪《にく》む所《ところ》を以《もっ》て下《しも》に使《つか》うこと毋《なか》れ。下《しも》に悪《にく》む所《ところ》を以《もっ》て上《かみ》に事《つか》うること毋《なか》れ。前《まえ》に悪《にく》む所《ところ》を以《もっ》て後《うしろ》に先《さき》んずること毋《なか》れ。後《うしろ》に悪《にく》む所《ところ》を以《もっ》て前《まえ》

に従《したが》うこと毋《なか》れ。右《みぎ》に悪《にく》む所《ところ》を以《もっ》て左《ひだり》に交《まじ》わること毋《なか》れ。

左《ひだり》に悪《にく》む所《ところ》を以《もっ》て右《みぎ》交《まじ》わること毋《なか》れ。此《これ》を之《こ》れ絜矩《けっく》の道《みち》と謂《い》う。

この「**上《かみ》に悪《にく》む所《ところ》**」の「上」は自分の上長者、上役です。上役のすることで、どうも気に入らないことがある。上役の行為がどうも自分にはやりきれない。あの行為は嫌だということがある。それが「上に悪む所」です。そんな「上に悪む所」を自分の部下に対してすることは絶対に慎まなければいけない。自分が上役からされて嫌だと思うようなことを自分の部下にしたら、自分が上役に対して抱いた気持ちと同じような気持ちを部下が自分に対して抱くのは当然です。だから、部下にそういう嫌な思いをさせないように自分を注意する。それが「**上に悪む所を以《もっ》て下《しも》に使《つか》うこと毋《なか》れ**」ということ。

同じように「**下《しも》に悪《にく》む所《ところ》**」だから、自分の部下の自分に対するやり方で気に入らんなと思うことがあったとすれば、そういうやり方を自分が上役に対してすることは慎まなければいけない。部下のやり方で気に入らないようなことをそのままそっくり自分の上役に対してやれば、上役が同じように嫌な気持ちを抱くのは当然ですからね。

次の「**前《まえ》に悪《にく》む所《ところ》**」の「前」というのは、自分の先輩と考えればよろしい。先輩のやり方で嫌だと思うことがあったら、それを「後」自分の後輩にやってはいけない。それから、後輩からやられるといい気がしないということは、絶対に先輩にやってはいけない。それがこの前・後ということですね。「**前に悪む所を以《もっ》て後《うしろ》に先《さき》んずること毋《なか》れ**」。先輩の嫌なことは後輩にしない。後輩の嫌なことは先輩にしない。

それから「右」とか「左」というのは、これは同輩と考えればいいでしょう。同じ段階にある仲間を右左といっただけです。自分の友人、同じ仲間からされて嫌だなと思うようなことは、他の仲間にやってはいけない。それを左のものは右にやってはいけない。右のものは左にやってはいけないといっているんです。


このように非常に細かくいっておりますが、一言でいえば、これは「己の欲せざる所は人に施すこと勿《なか》れ」ということです。自分がされて嫌なことを人にしない。これを「絜矩《けっく》の道《みち》」といいます。

「絜矩」とは物差しで測ることですが、昔は物差しなんてありませんから、物を測るときに一番頼りになるのは自分の体でした。

一束《つか》、二束と数える言い方があります。須佐之男命《すさのおのみこと》が八岐大蛇《やまたのおろち》を退治したときに使った剣を十束の剣といいますけれども、これは拳を十並べた長さの剣という意味です。この「束」というのが一つの単位です。短い距離はこうして拳で測りました。

それからもう少し長いものを測る単位としては「咫《あた》」という言い方があります。八《や》咫鏡《たのかがみ》の「やた」というのは「やあた」の意味で、この「あた」を漢字で書くと「咫《しゃく》」となります。これは手の親指と中指を広げた幅をいいます。

それからもう少し長い距離は両手を広げて測りました。手を広げるから「ひろ」といいました。漢字では「尋」と書いて、一尋、二尋と数えます。「尋」というのは、両手を広げたときの左手の指の先から右手の指の先までの長さです。「尋」という字の下についた「寸」は、元来、一番小さな単位をいいました。これは手首に親指を当てて脈を測る形を表しています。そのときの親指の幅を「寸」といって、一寸、二寸と数えます。一寸法師の一寸はこのことですね。

「寸」という字は、後にはすべてのものの単位・基準という意味に使われました。たとえば「導」という字は、何か基準となるもの、あるいはガイドブックがあって、それによって間違いなく人を導くというときに使います。基準が何もないと「導」にはならない。そういう意味で「寸」には基準という意味があるんです。

この「絜矩」というのは、物をしっかり決めるよりどころです。「絜矩の道」とは、人間の心を測るよりどころになる方法をたとえていったものです。元来は物を測る方法ですけれど、ここでは人間の心を測る。たとえば上に対しては自分の部下が手本になる。部下に対しては上役を見ていればそれが手本になる。我々はその基準というものを難しく考えがちですが、それはもっと手近にあるといっているわけです。

孔子は「三人行えば必ず我が師あり」といいました。つまり、あらゆる人がみんな手本になるというわけです。

詩《し》に云《い》わく、楽《たの》只《し》しめる君子《くんし》は民《たみ》の父母《ふぼ》と。民《たみ》の好《この》む所之《ところこれ》を好《この》み、民《たみ》の悪《にく》む所之《ところこれ》を悪《にく》む。此《これ》を之《こ》れ民《たみ》の父母《ふぼ》と謂《い》う。

『詩経』に「**楽《たの》只《し》める君子《くんし》は民《たみ》の父母《ふぼ》**」という句がある。ここにいかにも楽しそうにしている君子がいるけれども、その君子は我々人民の父母ともいうべき人である、と。

この詩にある人民の父母とは一体何かというと、それは「**民《たみ》の好《この》む所《ところ》之《これ》を好《この》み、民《たみ》の悪《にく》む所《ところ》を之《これ》を悪《にく》む**」ということをいっているんです。つまり、為政者が民の父母なのだということです。国民の好む所を一緒になって楽しむ。国民の嫌がるようなことは一緒になって憎んで、国民の生活の中から取り除くことに努める。それが、民の父母ともいうべき立派な為政者の振る舞いであるということです。

見られていることを自覚する

詩《し》に云《い》わく、節《せっ》たる彼《か》の南山《なんざん》、維《こ》れ石巌巌《いしがんがん》たり。赫赫《かくかく》たる師尹《しいん》、民具《たみとも》に爾《なんじ》を瞻《み》ると。国《くに》を有《たも》つ者《もの》は以《もっ》て慎《つつし》まざる可《べ》からず。辟《へき》す

れば則《すなわ》ち天下《てんが》の僇《りく》となる。

これは私も非常に好きな言葉です。「**節《せつ》たる彼《か》の南山《なんざん》、維《こ》れ石《いし》巌巌《がんがん》たり。赫赫《かくかく》たる師尹《しいん》、民具《たみとも》に爾《なんじ》を瞻《み》る**」というところまでが『詩経』の句です。「南山」というのは、洛陽のすぐ南にある山です。普通は「終南山《しゅうなんざん》」という名前ですけれども、南にあるから単に「南山」とも呼ばれていて、「悠然として南山を見る」というふうな句がありますし、次の有名な詩もあります。

終南《しゅうなん》　陰嶺《いんれい》　秀《ひい》ず
積雪《せきせつ》　雲端《うんたん》に浮かぶ
林表《りんひょう》　霽色《せいしょく》明《あき》らかに
城中《じょうちゅう》　暮寒《ぼかん》を増《ま》す

都のすぐ南にある山ですから、都の人々は常に仰ぎ見ています。その「**節たる**」の「節」は人間の名前でいうと「タカシ」と読まれる字で、山の高いことを表しています。高々とそびえる終南山は「**維れ石巌巌たり**」岩山がゴツゴツとしている。これは次の「**赫赫《かくかく》たる師尹《しいん》**」を持ち出すための、和歌でいうならば枕詞です。

この「赫赫」とは「名声を博している」「誰もが知っている」「評判高い」ということ。「師尹」の「師」は大師といって最も高官につく呼び名です。大いなる帝王の師匠という意味でつけられた名です。総理大臣のことを大師ということもあります。ここは総理大臣だと考えたらよろしいでしょう。

その総理大臣の名前を「尹」という。有名な商の湯王が天子になったときにこれを助けた伊尹という人がいましたけれども、これは「国民の誰にも知られている総理大臣の尹氏」という意味です。

「**赫赫《かくかく》たる師尹《しいん》、民具《たみとも》に爾《なんじ》を瞻《み》る**」の「爾」は「あなた」ですから、「民は総理大臣であるあなたの一挙手一投足をじっと見守っておりますよ」といっているわけですね。

詩にそういう具合に書かれてあるように、一国の総理ともなれば、国民はその一挙手一投足を見守っているのだから、「**国《くに》を有《たも》つ者《もの》は以《もっ》て慎《つつし》まざる可《べ》からず**」。総理大臣たるもの、うかうかとしてはいられない。慎重でなければならない。「**辟《へき》すれば則《すなわ》ち天下《てんか》の僇《りく》となる**」の「辟」というのは間違うこと。あるいは偏ること。少しでも道に外れたことを行えば、それは「**天下の僇**」となる。

この「僇」にはいろんな説があります。一番軽い意味でいえば、「天下の笑いものになりますよ」という意味。この「僇」は人偏ではなくて「戮」となると「誅戮《ちゅうりく》」というように罪を以て死刑に処せられるという意味がある。つまり、一国の総理なんていうものは間違えばいつ死刑になるかわからない。だから、身を慎みなさいといっているんですね。

上に立つ者は「**赫赫たる師尹、民具に爾を瞻る**」、国民から見られているということを忘れてはいけません。上に立てば、もうそれだけで下にいるときより人の目につくわけですからね。慎み深くやらなければいけない。「**国を有つ者は以て慎まざる可からず。辟すれば則ち天下の僇となる**」――上に立つ者には、これはよく知っておいていただきたい。

真理を諦める

詩《し》に云《い》わく、殷《いん》の未《いま》だ師《し》を喪《ほろぼ》さざる、克《よ》く上帝《じょうてい》に配《はい》す。儀《よろ》しく殷《いん》に監《かんが》みるべし、峻命易《しゅんめいやす》からずと。衆《しゅう》を得《う》れば則《すなわ》ち国《くに》を得《え》、衆《しゅう》を失《うしな》えば則《すなわ》ち国《くに》を失《うしな》うを道《い》う。

『詩経』に「**殷《いん》の未《いま》だ師《し》を喪《ほろぼ》さざる、克《よ》く上帝《じょうてい》に配《はい》す**」という句がある。殷というのは商のことです。商という国は後に殷というところに都しましたので、殷という国名で呼ばれることもあります。商という呼び名もあれば、殷という呼び名もある。ここでは殷という言葉を使っております。

あの商の国がまだ盛んであった頃、「**師を喪さざる**」の「師」とは軍隊です。「喪さざる」は「失わない」ということですから、立派な軍隊を持って一国としての勢いを保っていた頃という意味になります。その頃は「**克く上帝に配す**」。この「帝」は

「天帝」といって、中国の思想では天に神がいてすべてを司ると考えます。その神のことを「帝」というんです。

「諦」という字は、この帝の言葉を諦めるということ。「諦める」というのは元来「明《あきら》める」ということで、真理を明らかにすることをいいます。この真理とは天帝の言葉です。絶対に間違いのない真実、それが天帝の言葉なんです。その真理をはっきりさせた結果、「これは放棄すべきである。これは断念すべきである」といって手を引く。これが本当の「諦める」ということ。そうするのが真理に基づいた自分の最も良い行為であるという結論に達したときに、「これは良くないことだ」といって断念する。どう考えてみてもそれが動かすことのできない一番いい道であるという結論を出した結果、断念するるんです。

だから、「諦める」という言葉は簡単に使わないでください。よく考えて、これはもう絶対に動かすことのできない最良の道であるということを明らかにして、それに従うことを「諦める」というんです。

その上帝、つまり天の神を祀るのは天子だけがする仕事です。天帝を祀ることは他の人間がやってはいけない。殷の盛んだった時代は、殷の天子が天帝を祀ったわけです。天帝を祀っていた頃は、天の心によく対して、天子だけが天の意思を絶えず注意して国民に普及する。それが天子の務めなんですね。

ところが殷の国に紂王が出て天子にあるまじき行為をしたために天子の位から追放されてしまった。それを「監《かがみ》」としなければいけない。この「監」という字には「臣」という字が入っていますね。これは目を繰り出しているという形で、目を皿のように大きくして見張っていることを表しています。それから「監」の右上に「𠂉」というような字がありますが、これは人の形を表したものです。その下にある「一」という字は、皿の上に水をいっぱい入れているということです。

昔は普通の身分の人は鏡なんて持てませんでした。鏡は大体銅板か鉄板で作るわけですけれど、あれを平らにするのは容易なことではありません。だから、よほど身分が高くないと鏡なんて持てなかったんです。では、普通の人はどうしていたかというと、水鏡を使っていました。皿に水を汲んで上から顔を映す。皿の水は横にして見るわけにはいかないので、人が皿の上から覗《のぞ》き込んで、目を皿のように見開いて髪をなでつけていました。

これが昔の鏡で、そこから「監」という字ができあがりました。また、上のほうから見張るというところから「監督する」とか「監督」という意味が生まれました。そして「監《かがみ》」は後には金属で作られるようになりますから、金偏の「鑑」という字が生まれました。

「儀《よろ》しく殷《いん》に監《かんが》みるべし」は、殷をお手本とすべきであるという意味。『詩経』のこの句は周の時代に作られたものです。周の前の王朝は殷ですね。「殷鑑遠からず」という諺があります。殷の手本となる「殷鑑」は、その前の夏にあるという意味の諺です。それと同じように、周の鑑《かがみ》は殷にあるわけです。ですから、「殷に監みるべし」とは、殷をお手本に考えるとよろしいということなんです。

殷は湯王の時代に国威を大いに振るいました。それはなぜかというと、殷の湯王が情け深く、その恩恵が禽獣《きんじゅう》にまで及んだといわれるほどだったからです。それほど国民を労《いたわ》ったので殷という国は立派になったんです。逆に殷の国が滅んだのは、紂王が国民を虐《しいた》げたからです。

つまり、国民を虐げれば国が亡ぶ。国民を労われば国は盛んになる。その手本が殷にある。だから「儀しく殷に監みるべし」、それをお手本とすべきであるといっているのです。

「**峻命易《しゅんめいやす》からず**」の「峻命」は「天命」のことです。天帝の命令。この「命《めい》」を「いのち」といいます。つまり、命《いのち》のことを命《めい》という。命《いのち》というのは、みんな天帝の命令によって決まっているものであると考えるところから命《めい》が「いのち」という意味になったんです。

人間がこの世の中に生まれてくるのも、いつまで生きられるかということも、みんなすべて天帝の命令であるというのが中国の思想です。人間の命は自分で勝手に左右することはできない。いくら生きていたくても、天命が終わればこの世におさらばしなければならない。

ですから、中国人の中には本当に逍遥《しょうよう》として死ぬ人がいますね。実に全く自分の命をよくもこんなに冷静に見られるものだと思うくらいです。日本でも吉田松陰の刑死なんていうのは実に逍遥たるものがあったといわれています。首を斬った役人が本当に驚いたということです。我々もそうありたいものです。ジタバタして見苦しさは見せたくないですね。

「衆《しゅう》を得《う》れば則《すなわ》ち国《くに》を得《え》、衆《しゅう》を失《うしな》えば則《すなわ》ち国《くに》を失《うしな》うを道《い》う」。そんなふうに民衆の心をつかめば国は栄えるが、民衆の心を失うと国を失うといっているわけですね。

徳を磨けば人が寄りついてくる

是《こ》の故《ゆえ》に君子《くんし》は先《ま》ず徳《とく》に慎《つつし》む。徳《とく》有《あ》れば此《ここ》に人《ひと》有《あ》り、人《ひと》有《あ》れば此《ここ》に土《と》有《あ》り、土《と》有《あ》れば此《ここ》に財《ざい》有《あ》り、財《ざい》有《あ》れば此《ここ》に用《よう》有《あ》り。徳《とく》は本《もと》なり。財《ざい》は末《すえ》なり。本《もと》を外《そと》にし末《すえ》を内《うち》にすれば、民《たみ》を争《あらそ》わしめ奪《うば》うことを施《ほどこ》す。

そういうわけであるから、為政者の君子は、まず何よりも自分の徳を磨くことに努力する。自分の徳を磨けば、民衆がひとりでに寄り添ってくる。孔子のいう「民は由らしむべし」というあの「由らしむ」というのは「自分に頼らせる」ように徳を磨くことに努力することなのです。その徳が実際に身につけば「此に人有り」で自然に人が寄りついてくる。自国の人が寄りついてくるだけではなくて、地続きのお隣の国の人も寄りついてくる。周の文王は非常に徳が高かったので、方々から民衆が来ました。為政者が徳を磨くことに努めれば、自分の国もそれと同じようにできるというわけです。

「徳《とく》有《あ》れば此《ここ》に人《ひと》有《あ》り、人《ひと》有《あ》れば此《ここ》に土《と》有《あ》り」。為政者に徳があれば人が寄り集まり、隣国の民衆までもが寄りつくということになれば、それは隣国が領土になるということです。その土地も自然に自分の国のものとなる。そして、民衆の住んでいる土地が自分の国に入ってくれば、当然そこから計算されるところの財も自分の国のものになる。それを**「土《と》有《あ》れば此《ここ》に財《ざい》有《あ》り」**といいます。そして、**「財《ざい》有《あ》れば此《ここ》に用《よう》有《あ》り」**。財は死物ではありません。生きて働くものですから、事業が起こり、素晴らしい成果が出る。それが「此に用有り」です。それによって国はますます栄えていくということです。

その本になるのは、もちろん君子の徳です。徳があれば人がついてくる。人がついてくれば土地もついてくる。土地がついてくればそこに財が生まれる。財が生まれれば自然と事業が盛んになる。そういう物の順序があるわけですけれども、その本は何かといえば君子の徳なのです。

人間というものは誰でも財が欲しいと思うけれども、財というものは本になるところの徳から生まれてくるものです。だから「**財《ざい》は末《すえ》なり**」なのです。本であるところの徳を「外にする」ほったらかしておいて、それを磨こうとせずに、末である財だけを「内にする」自分の懐にしようと求める。そういうことに努力するならば、その結果はどうなるかというと「**民《たみ》を争《あらそ》わしめ奪《うば》うことを施《ほどこ》す**」。つまり、財を争ってお互いに奪い合い、それを自分の懐に入れようとして混乱が起こることになります。

是《こ》の故《ゆえ》に財《ざい》聚《あつま》れば則《すなわ》ち民《たみ》散《さん》じ、財《ざい》散《さん》ずれば則《すなわ》ち民《たみ》聚《あつ》まる。
是《こ》の故《ゆえ》に言《げん》悖《もと》りて出《い》ずる者《もの》は、亦《また》悖《もと》りて入《い》る。貨《か》悖《もと》りて入《い》る者《もの》は、亦《また》悖《もと》りて出《い》ず。

徳が本であって、徳があれば人がついてくる。人がついてくれば、自然に土地も手に入る。土地が手に入れば、そこに生産されるところの財も自分のものになる。そして、その財が入って大事業が起こる。

しかし、その徳というのがどこまでも本ですから、その徳を磨くことを怠って財だけを自分の懐に入れようと努めれば、民衆の心は離れて離散するだけです。「**財聚《ざいあつま》れば則《すなわ》ち民散《たみさん》じ**」というのは、為政者のところにだけ財が集まれば、民衆は為政者を捨ててみんな離散してしまう、ということです。反対に「**財散《ざいさん》ずれば則《すなわ》ち民聚《たみあつ》まる**」で、為政者が自分の財を民衆に施せば、民衆は慕い寄って集まってくる。このあたりは言葉のあやになっていますね。「財聚れば則ち民散じ、財散ずれば則ち民聚まる」。大変面白い表現です。

この「財散ずれば」は、為政者が財をばら撒くというように取らないでください。これは「財産がそれぞれ民衆のところに最初から豊かに散らばっているような状態になるように為政者が努めれば」といったほうがいいでしょう。というのは、初めから為政者のところに財があるはずはないからです。為政者の財というのは要するに民衆の税金ですから、それを取りすぎないようにすれば、民衆のところに初めから財がたくさん残ることになる。こういう意味にとったほうが綺麗ですね。財産をばら撒くというより、それが民衆の手元に残るように為政者が心を配るならば、民は慕い寄って集まってくるということです。

「**是《こ》の故《ゆえ》に言悖《げんもと》りて出《い》ずる者《もの》は、亦悖《またもと》りて入《い》る**」は、次の「**貨悖《かもと》りて入《い》ずる者《もの》は、亦《また》悖《もと》りて出ず**」ということを持ち出すための修飾語と考えればいいと思います。並列していっているのではない。意味としては「道理に外れた言葉を口から出せば、相手からも道理に外れた言葉が必ず返ってくる」ということ。たとえば、バカヤローといえば、バカヤローと必ず跳ね返ってくる。「悖りて入る」は「跳ね返ってくる」ということです。ですから、道理に外れた言葉を口にすれば必ず同じような言葉が跳ね返ってくる。

そのように道理に外れた行いをして懐に財貨を入れれば、そういうお金は道理に外れた行為によって必ず懐から出ていく。「悪銭身につかず」という諺がありますが、これはそのことをいっています。

自分が努力して、額に汗して懐に入った財産というものは大事にします。ところが、宝くじみたいなものとか、何かを道で拾って謝礼として入ってきたような——これは悪銭ではないかもしれませんが――容易に懐に入ったお金は、また容易に懐から出ていってしまう。わずかなお金でも苦労して懐に入れたお金は使い道をよく考えますから生きた使い方になるわけですね。逆に簡単に懐に入れた、しかも道理に外れた行い、たとえば賄賂《わいろ》とか詐欺とか人を痛めて搾り取ったようなお金は、同様にしてその懐から去っていくということです。

天命を得る

康誥《こうこう》に曰《いわ》く、惟《こ》れ命《めい》常《つね》に于《おい》てせずと。善《ぜん》なれば則《すなわ》ち之《これ》を得《え》、不《ふ》善《ぜん》なれば則《すなわ》ち之《これ》を失《うしな》うを道《い》う。

『書経』の康誥篇に「**惟《こ》れ命《めい》常《つね》に于《おい》てせず**」という言葉がある。この「命」は天の命令です。天の命令というものは「**常《つね》に于《おい》てせず**」変化がないのが常というものではない。つまり、天命はいつ変わるかわからないということです。永久に変わらない天命はないといっているんですね。

これはどういうことかというと、天子が立派であればすなわち天命を得ることができるけれども、不善だと天命を失うということをいったものである、と。「之」というのは天です。為政者が天命を得て立派な政治をすれば天命は変化なく常であるけれども、不善な行いをすると天命を失って、天命が変わる。

天命が変わることを「革命」といいますね。前にお話ししたように、「革」というのは改まること。革命という言葉がありますが、革というのは新という字と同じ意味ですから、革命とは命が新たになる、天命が変わるということです。それを別の言葉でいえば「**維《こ》れ命**」です。これは「命維《こ》れ新」といっても同じです。つまり、「維新」というのは「命維れ新」ということです。

ついでに申し上げますと、「命《めい》」というのは口という字がついているように、口でいうのが本来の「命」です。口でいわない場合は「令《れい》」といいます。天は口でいうわけではないので、本当は「天命」ではなくて「天令」というほうが道理には合っています。もっとも、天命というものは民衆の口を借りていいますからね。「天に声在り、人をして語らしむ」という天声人語だから、天の声は民衆の声になる。だからやはり「天命」でいいのかもしれません。

第五章

人材登用と国家運営の根本

立派な部下は宝である

楚書《そしょ》に曰《い》わく、楚国《そこく》は以《もっ》て宝《たから》と為《な》すこと無《な》し、惟善《ただぜん》以《もっ》て宝《たから》と為《な》すと。

『楚書』の中に「楚国《そこく》は以《もっ》て宝《たから》と為《な》すこと無し、惟善《ただぜん》以《もっ》て宝《たから》と為《な》す」とある。楚の国には宝とするようなものはないが、ただ善人がいるということが宝である、と。

「為すもの無し」と「為すこと無し」は同じですけれども、前にお話ししたように、宝玉などというものは楚の国では宝とはいたしておりません、といっているんです。そんなものはおもちゃと考えていて、宝とは考えておりませんというのが原義です。だから、「そこで以て寶と爲すこと無し」とわざわざ訓読いたしました。

　だからここは「楚国ではそのようなものは宝といたしておりません。人間を宝といたしています」と解いてほしいですね。この場合の「惟善」というのは「善人を宝としている」ということ。宝というのは物ではなくて人間なんだということです。

前にお話ししたように、「書」というのは昔、国の歴史を記した書物しかありませんでした。その国としての記録が「書」です。楚のそういう記録ですから『楚書』といったわけです。その『楚書』にこういうことが書いてあります、と。

これは楚からよその国に使いに出たんですね。楚には「和氏《かし》の璧《たま》」という有名な宝がありました。この宝は後に趙の恵文王に渡り、「連城の璧《たま》」といわれました。秦の昭襄王がそれを欲しがって十五のお城と取り替えようと持ち掛けて、藺相如《りんそうじょ》が和氏の璧を携えて秦に行くという物語があります。

どこの国でもそういう宝を自慢にしているわけですね。楚の使者がある国に行ったところ、その国の大臣が「あなたの国には和氏の璧という宝がありますね。今でもありますか」と尋ねたときに、その使者が答えた言葉が「**楚国《そこく》は以《もっ》て宝《たから》と為《な》すこと無《な》し、惟善《ただぜん》以《もっ》て宝《たから》と為《な》す**」ということでした。「あなたはそれを宝というかも知れませんが、楚国ではそれを宝とは考えておりません。私の国には立派な家来がいます。これらの人こそわが国の宝です」という見事な答えを返したわけです。

それが『楚書』に載っている、楚の記録になっていると紹介しているんです。

舅犯《きゅうはん》曰《い》わく、亡人《ぼうじん》以《もっ》て宝《たから》と為《な》すもの無《な》し、仁親《じんしん》以《もっ》て宝《たから》と為《な》すと。

「舅犯」とは、後に五覇の一人になる晋の文公（重耳）の母方のおじさんにあたる穆公のこと。その穆公がいったのが、「亡命している身ゆえに宝とするような品物は持っていませんが、自分の周りにいる仁者や親しい者を以て宝としています」という言葉です。

『楚書』にある言葉と舅犯の言葉は、照らしてみると全く同じ形になっています。一方は楚國、他方は亡人となっていますが、あとの四字は「無以爲寶」と同じです。そのあとも「惟善以爲寶」「仁親以爲寶」と同じ形です。この「仁親」を別の言葉でいえば「善」ですから、全く同じ言葉といっていいと思います。

「舅」は舅《しゅうと》という意味。舅とは自分の連れ合いの父親のことをいいます。自分の連れ合いのお母さんを姑《しゅうとめ》という。よく嫁姑といいますね。

この舅犯はどういう人なのか。春秋時代には春秋の五覇者と呼ばれる五人の人物がいました。その第一人者が斉の桓公で、それに晋の文公が続き、後に斉桓晋文といわれました。舅犯はこの晋の文公に仕えた人です。晋の文公は五十五歳ぐらいまで諸国を流浪して歩きました。父親に殺されそうになって国を逃げ出して諸国を巡り、いろいろな目に遭いました。それは中国では芝居にされているぐらい有名な話です。

文公が亡命することになったのは、父親の献公が後妻から生まれた子どもを位につけたいと考えたからです。三人の賢い子どもがいたんですが、特に賢かったのは長男と次男の重耳でしたが、兄さんは「亡命しろ」といわれたにもかかわらず、父親に疑われたのではしょうがないと自殺してしまいました。次男の重耳は逃げ出します。三男は後の恵公となった人ですが、この人も逃げ出しています。

重耳の亡命中、これは晩年になるわけですけれど、最後に行ったのが秦の国です。この秦の国から自分の国へ帰るのですが、そのときに秦の穆公の力を借りて晋に入ります。晋の国王となった重耳は文公と呼ばれ、春秋の覇者になるわけです。

重耳は秦に行く前に楚の国に行きました。そこで楚の成王は重耳を非常に優遇しました。このときの有名な言葉があります。楚の成王が「あなたが自分の国へ帰って王様になったときには、私にお礼をしてくださるでしょう?」というと、重耳は「もし不幸にしてあなたと戦争を起こすようなことがあったならば、三舎を避けます」といいました。これが有名な「三舎を避く」という言葉の出典になるんです。「三舎を避く」とはどういうことか。一舎というのは軍隊が一日行軍して止まる距離をいいます。それから次の日また行軍して止まる。それが二舎です。ですから「三舎を避く」というのは、三日の行程分の距離を退却するということです。実際、文公の時代に晋が楚と戦争することがあるのですが、文公は約束した通りに三舎を避けました。

後にそういうことが行われるわけですけれど、この楚の国に文公が厄介になっているときに、舅犯が「こういうことをいいなさい」といわせた言葉がこの「**亡人以て**《ぼうじんもっ》**宝**《たから》**と為**《な》**すもの無**《な》**し、仁親以**《じんしんもっ》**て宝**《たから》**と為**《な》**す**」なんです。だから、この言葉を使ったのは文公です。楚の成王に向かって「私は亡命者ですから宝とするようなものが何一つ身にありません」といったわけです。これは、あなたに何かさしあげたいと思うけれども何もないということを言外に含めているわけです。

ただし、宝とするようなものはないけれども、「**仁親以て宝と為す**」。私には仁親という宝があります、と。仁というのは仁者の意味。親というのは親しい。文公には趙衰《ちょうし》という非常に素晴らしい家来がいました。それからこの舅犯も立派な家来です。

家来だけども舅であると書いてありますように、文公の奥さんはこの舅犯の娘なんです。娘の婿だから文公にとってみればお舅さんにあたります。

文公という人は、若い頃から非常にいい人物を集めることに気を遣いました。お金もそういうことに使いました。それが亡命するときに役に立って、五十五歳になるまで何十年と亡命して歩いたわけですが、その間にこれらの家来ががっちりと守ってくれたんですね。

有名な家来の一人に介子推という人がいます。介子推は文公が亡命している間は付きっきりで、文公の手となり足となって世話を見ました。文公が旅の途中で食べ物がなくて腹ペコで動けなくなったときには、自分の腿《もも》を切って、その肉を文王に食べさせたという逸話が残っています。自分の股を割いて文公の飢えを癒したわけです。

ところが国へ帰って即位をして返り咲いたら、すぐさま離れて山の中に暮らして出ようとしませんでした。文公はなんとかして介子推を迎えたいと思ったけれども山を下りてこない。そこで山を焼いたら出てくるだろうと火を付けたら、そのまま焼け死んでしまいました。文公はその山を介山と名付け、介子推の遺族に手厚く対応しました。

『大菩薩峠』の著者の中里介山の介山はここから来ているのではないかと私はちょっと思ったんですけれどもね。介子推の死んだ山に文公が介山と名付けたことは歴史書に出ていますし、この介山の他にちょっといわれがないのでね。

というわけで、文公はいい家来をたくさん持っていた。それが「**仁親以て寶と爲す**」ということです。これは舅犯がいわせた言葉ですから、舅犯というのもなかなかの人物です。この人は狐偃《こえん》というのが正しい名前です。狐というのが名字、偃が名前。字は子犯といいます。その字の子犯に舅をつけて舅犯といったわけですね。

有能な人材を見つけて登用する

秦誓《しんせい》に曰《い》わく、若《も》し一个《いっこ》の臣有《しんあ》らんに、断断《だんだん》として他《た》の技無《ぎな》し、其《そ》の心休休《こころきゅうきゅう》として、其《そ》れ容《い》るる有《あ》るが如《ごと》し。人《ひと》の技有《ぎあ》る、己《おのれ》

に之《こ》れ有《あ》るが若《ごと》くし、人《ひと》の彦聖《げんせい》なる其《そ》の心《こころ》に之《これ》を好《よ》みす、啻《ただ》に其《そ》の口《くち》より出《い》だすが若《ごと》くなるのみならず、寔《まこと》に能《よ》く之《これ》を容《い》る。以《もっ》て能《よ》く我《わ》が子孫《しそん》を保《たも》つ、黎民尚亦利《れいみんなおまたり》ある哉《かな》。人《ひと》の技《ぎ》有《あ》る、媢《ぼう》疾《しっ》して以《もっ》て之《これ》を悪《にく》み、人《ひと》の彦聖《げんせい》なる、之《これ》に違《たが》いて通《つう》ぜざら俾《し》む。寔《まこと》に容《い》るる能《あた》わず。以《もっ》て我《わ》が子孫《しそん》を保《たも》つこと能《あた》わず、黎民亦曰《れいみんまたここ》に殆《あやう》い哉《かな》と。

『書経』の秦誓篇にこういっている。「若《も》し一个《いっこ》の臣《しん》有《あ》らんに」は、「もしここにこんな一人の家来があるとすると」という仮定です。一个は「いっこ」と読みますが、この「个」という字は「介」という字と同じ意味です。「一介の」という言葉を聞いたことがあるでしょう。「一个の」もそれと同じです。また、「一个」は「一個」でもいい。人間を一個二個と数えるのはおかしいと思うかもしれませんが、実は一個二個と数えるのが本当なんです。

物を数えるときに一個、二個と数えますけれど、これがおかしい。個という字は人偏があるでしょう。だから、人を数えるときに一個二個と数えるんです。一人の人間のことを今だって一個人といいますね。一人というのは一個人なんです。だから「個人的に」という。一個二個という数え方は異様に感じるかもしれませんが、昔は「一个の臣」一個の人というようにいっていたのです。

「**若《も》し一个《いっこ》の臣《しん》有《あ》らんに**」ここに一人の臣があったとする。この臣というのは大臣です。ここに一人の大臣がいるとします、ということですね。その大臣は「**断断《だんだん》として他《た》の技《ぎ》無《な》し**」。「**断断として**」というのは、「全く」とか「ちっとも」とかいったらいいでしょうね。「もうちっとも他の技なし」ですから、技というべきものは何も持ち合わせていない。何も特別の技能を持っていない。無能大臣というやつです。

ところが「**其《そ》の心《こころ》休休《きゅうきゅう》として、其《そ》れ容《い》るる有《あ》るが如《ごと》し**」。その心映えはどうかというと、「実に休休として」というのは、のびのびとしていることです。「**容るる有るが如し**」というのですから、実に度量が大きい。全く無能者で何もできない人ではあるけれども、その気持ちだけは非常に大きくて、人を容れる度量を持っている。

たとえていうと、「**人《ひと》の技《ぎ》有《あ》る、己《おのれ》に之《こ》れ有《あ》るが若《ごと》くす**」。ここに非常に能力のある人物がいるとすると、その人物の度量を妬みも何もしない。まるで自分のことのように喜ぶわけです。人のその力量を自分の力量のように喜んで、「**人《ひと》の彦聖《げんせい》なる其《そ》の心《こころ》に之《これ》を好《よ》みす**」。「彦聖」というのは、その人物が非常に立派なことです。

「彦」は、わが国では「ヒコ」と読みますね。日本語でいえば「日の子ども」といっているのと一緒です。立派な身分の娘さんのことを「姫」といいますけれど、「彦」というのは男性に対する美称なんです。女性だったら「姫」、男性だったら「彦」。昔は身分のある人でなければ「彦」という名前をつけませんでした。私の友人に慶彦という名前の人がおりますけど、この彦は身分がよくなければつけられない名前なんですね。『古事記』には長髄彦《ながすねひこ》という人物が出てきますけどね。

「**人の彦聖なる**」というのは「人の厳正な」ということですから「厳正なる人」をいっています。そういう非常に立派な人格者がいる。「**其の心に之を好みす**」心からその人に慕い寄る、心からそれを好いている。それで「**啻《ただ》に其《そ》の口《くち》より出《い》だすが若《ごと》くなるのみならず**」と。「あの人は立派だ。本当に尊敬するにたる」と口でいうだけではなく、「**寔《まこと》に能《よ》く之《これ》を容《い》る**」。言行一致なんですね。口先でそういっているだけではなくて、自分の位を譲る。

ちょうど百里奚《ひゃくりけい》のようです。百里奚は自分の友達の蹇叔を実際に用いて、しかも自分の上席に据えています。自分が総理大臣の地位をもらったにもかかわらず、その地位を自分の友達の蹇叔に惜しげもなく譲るんです。「寔に能く之を容る」というのは、そういうことです。口先で「あの人は立派だ。あれは大臣の器だ」といって、そのままに放っておかない。そう思ったら大臣にするんです。そして、自分より能力が優れていると思ったら自分の上に据える。

こういう大臣がいるとどうなるかというと、我が子孫を保つことができる。この「能」という字は「できる」ということ。我が子孫を保つことができる。つまり、自分の子孫、秦の国を永遠に栄えさせることができる。こういう家来があれば秦の国は万々歳である。そして「**黎民尚亦利《れいみんなおまたり》ある哉《かな》**」。国が栄えるということは、つまり国民もまた利益のおかげをこうむる。だから、大臣というのは有能である必要はないということです。「**断断《だんだん》として他《た》の技《ぎ》無《な》し**」、そういう人物で結構だというんです。何が大事かというと「**其《そ》の心《こころ》休休《きゅうきゅう》として、其《そ》れ容《い》るる有《あ》るが如《ごと》し**」。こういう人物が必要だということですね。これはまさに百里奚のことをいっています。

もっとも百里奚は「断断として他の技無し」ではありませんでした。この人は大変有能な人だった。有能だけれども、さらに有能な者があれば、自分の地位を捨ててもその人に地位を譲る。こういう大臣が本当の大臣です。百里奚のように有能でなくてもいいし、全く技量がなくてもいい。大臣の器でなくてもいいんです。大事なのは有能な人物を見つけ出して、その人にちゃんとした地位を与えることができるということです。

皆さんも総理大臣になったら、そういうふうに心がけてください。皆さんは自分で技量を振るう必要はない。いい人材を見つけ出して、それにちゃんと委ねる。口先で「これはいい人物だ」なんていっているだけでは何もならない。本当にその人を採用してやる。

その反対のことがすぐ後ろに出ています。それが「**人《ひと》の技《ぎ》有《あ》る、媢疾《ぼうしつ》して以《もっ》て之《これ》を悪《にく》み、人《ひと》の彦聖《げんせい》なる、之《これ》に違《たが》いて通《つう》ぜざら俾《し》む**」ということです。これも「一个の臣」の一つの例として持ってきていますが、今の話とは逆をいっています。

人にはこういうきらいがある、と。それは何かというと、人に技能があった場合にはそれを妬む。それから、優れた人物があればそれを上の人にわからせないようにする。「**通ぜざら俾む**」とは、人にわからせないように邪魔をすることです。どちらかといえば、これも一人の家来ですから、天子がその人のことを立派だとわかると自分の地位が脅かされることになるので、わからせないようにするということです。つまり、自分のことしか考えない、自分だけがかわいい。

前の人はそうではないんですね。自分より優れた人があれば、その人の技能を自分の技能のように心得て、それを大いに披露してやる。自分のものだったら誰でもおおっぴらにするでしょうけれども、人のものでもそういう具合にしてやる。それに対して、こちらの人は自分より優れた人間があれば妬ましく思い、ましてや上の人に認められるようなことがあれば、いよいよ自分の地位を脅かされるということで邪魔をする。「**通ぜざら俾む。寔《まこと》に容《い》るる能《あた》わず**」とはそれをいっています。

こういう家臣を持つと、主君は子孫を保つことができない。そればかりではなくて、国民の生存さえも危うくなる。この「我が子孫」というのは、君主の子孫です。君子は自分の子孫を繁栄させることができないばかりではなく、国民のほうも危ないということです。

仁者は人をよく愛しよく憎む

唯仁人《ただじんじん》のみ之《これ》を放流《ほうりゅう》し、諸《これ》を四夷《しい》に迸《しりぞ》け、與《とも》に中国《ちゅうごく》を同《おな》じくせず。此《これ》を唯仁人《ただじんじん》のみ能《よ》く人《ひと》を愛《あい》し、能《よ》く人《ひと》を悪《にく》むと為《な》すと謂《い》う。

この「**唯仁人《ただじんじん》のみ之《これ》を放流《ほうりゅう》し、諸《これ》を四夷《しい》に迸《しりぞ》け、與《とも》に中国《ちゅうごく》を同《おな》じくせず**」とは、『論語』に「唯仁人能く人を愛し、能く人を悪むことを為す」といっていることである、という意味です。以上のことは、『論語』にあるこの言葉と同じなんだということですね。

「**唯仁人のみ之を放流し**」というのは、「秦誓に曰く」のところにあった、優れた人物を妬み、それを上に通じないように邪魔をするような悪い家臣はどんどん追放して、中国に住めないようにしてしまうということ。仁者はそういうことをする。「**仁人のみ能《よ》く人《ひと》を愛《あい》し、能《よ》く人《ひと》を悪《にく》む**」は『論語』里仁第四に出てきます。仁者は人を愛することもよくするけれども、人を憎むときにも徹底して憎むことができる。そのように『論語』にいっているけれども、本当に仁者はそういう良くない心を持った者が位についていられないように、中国に住めないように徹底的に憎んで追放するというわけです。

古代中国の堯とか舜の時代には、無能の臣を追放するという話が出てきます。これは歴史的な事実とはいえないかもしれませんが、下って周の時代になっても、周公などはそういうことを断固としてやっております。

「仁」というのはヒューマニティの意味ですから、人を愛することはするかもしれないけれども、人を憎むということはちょっと考えられないような気がしますね。ところが、本当の仁者というものは、悪は徹底して憎む。どんな親しい人の悪であっても、それは憎む。それが本当の仁者なんです。だから孔子も「唯仁人能く人を愛し、能く人を悪む」といっているわけです。

登用した人物を重要視する

賢《けん》を見《み》て挙《あ》ぐること能《あた》わず、挙《あ》げて先《さき》んずること能《あた》わざるは命《おこたり》

なり。不善《ふぜん》を見《み》て退《しりぞ》くること能《あた》わず、退《しりぞ》けて遠《とお》ざくる能《あた》わざるは過《あやま》ちなり。人《ひと》の悪《にく》む所《ところ》を好《この》み、人《ひと》の好《この》む所《ところ》を悪《にく》む、是《これ》を人《ひと》の性《せい》に拂《もと》ると謂《い》う。菑《わざわい》必《かなら》ず夫《そ》の身《み》に逮《およ》ばん。

「**賢《けん》を見《み》て挙《あ》ぐること能《あた》わず、挙《あ》げて先《さき》んずること能《あた》わざるは命《おこたり》なり**」とは、「いいことを見てそれを自分で一つのモデルとして真似ようとしないし、真似ようとしてもまず自分がそれを最初にやろうとしない者は怠っている」というのが大体の意味だと思うところですけれど、実はそれだけではないんです。この前にあったように、優れた人間を見たらそれを「**挙ぐる**」登用して重要視しなければいけない。ただ役につけただけではだめだということをいっているんです。

本当に優れている人間と見たならばそれを登用し、しかも重要視する。この「**先んずる**」というのは、その人を重んじて誰よりも良い地位に置いて政治を取らせることです。そういうことのできない者は怠慢だといっているんです。

百里奚の話をしましたね。秦の穆公が百里奚を登用しました。百里奚という人は虞という国の宰相までやった人ですけれども、国が滅んで亡命して、奴隷にまで落ちぶれました。しかし、秦の穆公は百里奚の能力を見抜いて採用しました。これは穆公が「賢を見て挙げた」ということです。

しかし、登用しただけでなく、責任ある地位につけて行わせなくてはいけないから、穆公は百里奚を誰よりも一番高い地位、つまり宰相にして国政を委ねました。ところが百里奚は、すでにお話ししたように、自分の友人の蹇叔が優れているというので今度は蹇叔を登用し、それだけでなくて自分の上席に据えました。これが「先んずる」ということです。

仮に宰相の地位にあっても、自分より優れた人間があったならば、それを登用する。登用するだけではなくて自分の上席に据えて、自分はその下につくことをいとわない。それができないのは宰相として怠慢だというんですね。

国政を自分の思いのままに行えるような地位にあると、誰だって安んじてしまいます。そして自分の得た地位は死ぬまで手離すまいとするのが俗人の常です。本当の仁者というものは、自分より優れた人間があればその人間を自分の上に置くことをいとわない。斉の桓公に仕えた鮑叔もそうでしょう。最初は自分のほうが上に地位にあったのに、自分より管仲のほうが優れているとわかると管仲を登用するわけですね。

管仲は斉の桓公に敵対した人間ですから、桓公は管仲を殺そうとしました。その殺そうとした人間を引っ張ってきて、王様の命を狙った人間であるかもしれないけれども味方にして、「管仲を宰相にしなければ斉の国は決して盛んになりません」と桓公を口説きました。そして桓公も、鮑叔からそういわれて自分の命を狙った管仲を用いるのです。

この鮑叔のやったことはまさに「先んずる」ということです。鮑叔は一国の宰相、総理大臣の地位を獲得しながら、自分より優れた管仲という人間がいるということを知れば登用するわけです。しかし登用しただけじゃだめなんです。自分より上と思えば自分の上にその人を据える。「先んずる」というのはそういうことです。だからなかなか厳しいんです。これはなかなかできることじゃない。

要するに「**賢を見て挙ぐること能わず、挙げて先んずること能わざるは命《おこたり》なり**」とは、仁者がよく人を愛するということをいっているわけです。仁者というのはよく人を愛する。人を愛するから、自分よりも立派な人がいれば迷わず自分の上に据えることができる。これが本当の仁者なんですね。

次に仁者がよく人を憎むということを表したのが、「**不善《ふぜん》を見《み》て退《しりぞ》くること能《あた》わず、退《しりぞ》けて遠《とお》ざくる能《あた》わざるは過《あやま》ちなり**」です。仁者は不善を見たならば断固として退ける。退けるばかりではなくて、「**與《とも》に中国《ちゅうごく》を同《おな》じうせず**」というわけで国から追放してしまう。それができないというのは、怠慢というより過ちである、と。前の「怠りなり」というのは、過ちではなくて怠慢だということですけれども、こちらのほうは過ちですから、怠慢では済まない。不善を見て退けないのは間違っている。そういうことは絶対にすべきではない。ですから、為政者たるもの人を憎むということができなくてはだめだということなんです。

仁者は人をよく好みもするけれども憎みもする。つまり、愛すべきものは愛するし、憎むべきものは憎む。そういうことをいっています。これとは逆に、人の憎むところを好み、人の好むところを憎むようでは国がだめになるわけです。「人の好む所を好み、民の悪む所之を悪む。此を之れ民の父母と謂う」とありましたけれど、為政者は一般の人々の好むようなことを一緒に好み、人の憎むようなことは一緒になって憎むようでなければいけない。これが「民の父母」という意味なんです。

それに対して全く逆なことをする。それを「**人《ひと》の性《せい》に拂《もと》る**」といいます。それは本性ではないんですね。人の本性というのは、人の好むところを好み、人の憎むところを憎む。それが人間の自然の生き方、人間の本性です。その本性に悖るがゆえに災いがその身に及ぶのです。人間は自然に沿っているときには、すべてが順調にうまく行くけれど、不自然なことをすると必ず良くないことが起こっているということです。

真心をこめた言葉を出す

是《こ》の故《ゆえ》に君子《くんし》に大道《たいどう》有《あ》り。必《かなら》ず忠信《ちゅうしん》以《もっ》て之《これ》を得《え》、驕泰《きょうたい》以《もっ》て之《これ》を失《うしな》う。

財《ざい》を生《しょう》ずるに大道《たいどう》有《あ》り。之《これ》を生《しょう》ずる者《もの》衆《おお》く、之《これ》を食《しょく》する者《もの》寡《すく》な

く、之《これ》を為《つく》る者《もの》疾《はや》くして、之《これ》を用《もち》うる者《もの》舒《ゆるやか》なれば、則《すなわ》ち財《ざい》恒《つね》に足《た》る。

仁者《じんしゃ》は財《ざい》を以《もっ》て身《み》を発《おこ》し、不仁者《ふじんしゃ》は身《み》を以《もっ》て財《ざい》を発《おこ》す。

君子には大いなる道があるというわけですね。私はこの大道を「行為のよりどころとなる成功のための法則」という具合に説明しています。たとえば、ここから駅に行くときに、道を通っていけば誰でも行けるわけですね。道というのは、ある目的地まで行くのに最も楽々と行ける、そういうものなんです。

ですから、目的を果たすためによりどころとなるものに従えばなんでもうまくいく、というものを道というわけです。別の言葉を使えば、法則といってもいいと思います。君子にはその行いのよりどころとするような法則、必ずうまくいくという決まりというものがあるということです。

それはどういうことかといいますと「必《かなら》ず忠信《ちゅうしん》以《もっ》て之《これ》を得《え》」と。この「忠信」という言葉は『論語』にもよく出てきます。忠は心の真ん中と書くように、いわゆる真心のことをいいます。戦前には、忠孝ということをよくいいました。この場合の忠は天子に対する忠、いわゆる忠誠心というものです。しかし、忠というのは本来そういうことではないんです。誰に対してでも真心を持って接するというのが忠で、『論語』に書いてある忠とはそういうことですし、ここにある忠もそうです。

信というのは、真心から出た言葉といえばいいでしょうね。信という字は人と言葉というものでできていますが、これは人間の言葉には真心がこもっていなければだめだということから作られた字なんです。

ですから、忠も信も同じことだといってもいい。忠は真心であって、その真心から出た言葉が信である。ですから、信のことを「まこと」といいます。真心から出た言葉だから「まこと」というんです。

わが国では、「こと」を漢字で書き表しますと、「言」と「事」の二つがありますね。この「こと」は必ず「こと」で表すことができます。つまり、「こと」といえば必ずその「こと」の中に裏づけるところの内容があるわけです。その内容を昔の人たちは一様に「こと」といっていました。だから「こと」というときには、事実もあれば、事実を表す言葉もあるんです。

わが国では言葉を非常に重視しました。言葉に出していうと、それは事実になって現れてくるというように考えました。いわゆる言霊《ことだま》の思想です。たとえば、日本人が「四」という言葉を嫌うのは、「四」というと「死」を表すことになるからです。この「四」という言葉が「死」という事実となって現れると考えたわけですね。

ですから、「言」は「事」なんです。わが国において、言葉の「言」と事実の「事」を同じ「こと」という言葉で表しているのは、この二つが非常に関係の深いものだと考えているからなんです。

だから、うっかり言葉というものは口にしてはならないものなんです。言葉に出していうと、それが実現してしまうからです。そのような力が言葉にはあるというので、それを言霊といいました。

この「信」という字は「まこと」と読みますけれども、この「まこと」は真なる言葉、真心から出た言葉という意味です。そういう真心から物事を行えば成功するということです。「之を得」というのは、成功するということですね。

その反対が「**驕泰《きょうたい》以《もっ》て之《これ》を失《うしな》う**」。この「驕」は「驕り高ぶる」ことをいいます。「泰」というのは、この言葉自身は悪いことではないけれども、ここでは「驕る」という意味に使っています。そういう驕泰によって物事を行えば失敗をするといっているんです。

これを「一方は天命を得て栄える、一方は天命を失って滅びる」という具合に私は説きましたけれども、別にそうやって具体的に解かなくて結構です。要するに、真心を以てやれば成功するし、驕り高ぶるようになると失敗するということをいっているんです。

財を蓄積するには法則がある

そして、また「**財《ざい》を生《しょう》ずるに大道《たいどう》有《あ》り**」。財を生ずるのにも同じように大道があるといっています。財産をたくさん築き上げるということにも必ず成功するような一つの法則がある。その法則とは何かというと、「**之《これ》を生《しょう》ずる者衆《ものおお》く**」つまり生産する人が多くいればいるほど財は生じる。それから「**之《これ》を食《しょく》する者寡《ものすく》なく**」というのは、その生産したものを消費する者が少なければ財を生じる。食べ物でいえば、食べる者が少なければそれだけ食べ物が残るということです。

これは当たり前のことですね。生産に従事する者が多ければ多いほどよく、それから生産したものを消費する者が少なければ少ないほど財が残るわけです。

それから「**之《これ》を為《つく》る者疾《ものはや》く**」とは生産が効率よく行われること。わずかな期間にたくさんのものが作られるということです。これは生産性を向上させるということですね。そうすれば財が蓄積されることになります。

また「**之《これ》を用《もち》うる者《もの》**（**こと**）**舒《ゆるやか》なれば**」とは、生産したものを所持するときに、できるだけ長持ちするように使う。たとえば道具であれば長期間使う。歯磨き粉であれば倍使えば早くなくなってしまいますが、半分にすれば倍使えますね。あるいは良いものを作って長く消費に耐えるようにする。そういうのは物資の節約ということに繋がるでしょう。

このように「之を用うる者（こと）舒なれば」というのは「消費を節約する」ということですし、立派なものを作って耐用年限を増やすということも「**舒なれば**」ということをいっているわけです。そういうふうにすれば「**財恒《ざいつね》に足《た》る**」、いつでも財はあり余るほど蓄積されるわけです。

この反対をすればだめになってしまう。生産に従事する者が少なくて、それを消費する役人ばかりはびこれば、すぐに財はなくなってしまいます。今の行政改革なんていうのも、生産する者の割合が少なくて、食する者が多いわけですね。大体お役人なんてものは生ずる者のほうではなくて、食する者のほうに入るんです。そういう者を省くことが必要です。また、今は無駄に消費することがいいことのようにいわれる傾向があります。「之を用うる者（こと）速やか」のようになっていますけれども、それではだめなんです。

さて、「**仁者《じんしゃ》は財《ざい》を以《もっ》て身《み》を発《おこ》し、不仁者《ふじんしゃ》は身《み》を以《もっ》て財《ざい》を発《おこ》す**」。財産というのは、仁者にとっては仕事をする一つの道具になります。仁者が事業を起こすときに、財産というものを道具つまり資本にして、自分の「身を發す」ということは事業を起こす。これは仕事が自分の身を向上させる、仕事をして自分の能力というものを向上させていくことです。そしてまた、それによって人々の生活状態を向上させていく。そういうことが仁者の務めでしょう。仁者というものは、そのために財産を得るんですね。

他方で、命よりも財産のほうを大事にするというのが不仁者です。「仁者は財を以て身を發き、不仁者はその反対に身を以て財を發く」というのは言葉のあやですね。「財を以て身を発す」というのに対して、「身を以て財を発す」と、まるで逆になっています。

確かにそうですね。人間というものは財産が自分の命より大事だとは誰も思いはしないけれども、自分の一生の目的に財産を得るということ、富豪になるということを目当てにしますと、そのために自分の寿命をすり減らしてしまうのではないでしょうか。これはまさに「身を以て財を発く」という言葉がよく合っていると思います。これは本末を転倒している考え方です。

それからもう一つ、「財散ずれば民聚《あつ》まる」という言葉が前にありましたね。その反対に「財集まれば民散ず」ともありました。「仁者は財を以て身を發す」というのは、ある意味からいうと、為政者は財産を散ずることによって自分の事業を盛んにしていると考えてもいいでしょう。つまり、「財散ずれば民聚まる」と結びつけて見ることができると思います。一方、「不仁者は身を以て財を發す」というのは、財産を目当てにして一生懸命になって仕事をするけれども、「財聚まれば民散ず」で、結局自分の身を滅ぼし、国を滅ぼしてしまうということに繋がりますね。

ですから、ここは「財散ずれば民聚まる」「財聚れば民散ず」ということの説明と見ることも可能です。私はここを「さて仁者は財散ずれば民聚まるというわけで、この財産を消費することによって自分の身を高めてゆくのであるが、不仁者はその反対で、自分の身を犠牲にして財産を増やすことに努める。だから財聚れば則ち民散ずで、国を滅ぼし、身を滅ぼすことになる」と解釈しています。

国民のことを思う

未《いま》だ上仁《かみじん》を好《この》みて、下義《しもぎ》を好《この》まざる者有《ものあ》らざるなり。未《いま》だ義《ぎ》を好《この》みて、其《そ》の事終《ことおわ》らざる者有《ものあ》らざるなり。未《いま》だ府庫《ふこ》の財《ざい》、其《そ》の財《ざい》に非《あら》ざる者有《ものあ》らざるなり。

この「上」というのは為政者です。為政者が仁を好むというのは「仁政を行う」ということです。そういうことをしているのに、「下」つまり人民が仁政を好まないということはないものであるといっています。為政者がヒューマニティを重んじて、国民のことを思い、仁政を行っているのに、人民が不義を行うというようなことは考えられないということです。

それに続いて、人民が正義を好むようでいて、「**其《そ》の事終《ことおわ》らざる者《もの》**」自分のなすべき仕事を終えずに途中で投げ出すということはありえない。正義を好む人間が途中で無責任なことをやることは考えられないということです。無責任ということは正義を愛するとはいえないわけですからね。いやしくも国民が正義を愛するようになれば、仕事は忠実に最後までやり通す。そうなれば当然、「**府庫《ふこ》の財《ざい》**」は豊かになります。

もし正義を好まない不義の人間が多ければ、たとえば役人が税金をごまかしたり、公金を横領したり、横領しないまでも私用に流用するというようなことをするかもしれない。しかし、為政者が仁を好めば、「**府庫の財、其《そ》の財《ざい》に非《あら》ざる者有《ものあ》らざるなり**」。府庫の財ではないような使い方をする、つまり私用に使われるということは「有らざるなり」考えられないことだ、と。これを逆にいえば、国家に蓄えた財産というものは、すべて国家のために十分に消費されなければならない。そうなれば国は栄えるということでしょう。

私はこれをこう説きました。「およそ為政者が人徳を好んで仁政を行っているのに、人民が正義を行わないということはないものであり、人民が正義を好んでいるのに、自分のなすべき仕事を中途で投げ出すということは考えられない。こうなれば、人民が脱税をしたり、税金を私用に流用したりする。さらにいえば公金を横領するというような、そういう者がいなくなるので、国庫に蓄えられたところの財産が十分に国家のために供せられることになる」と。

「非ざる者有らざるなり」は二重打消しですから、「**其の財に非ざる者有らざるなり**」とは、みんな国の財になる。つまり、国家のために使われる財産になるということです。

税金の取り立てが上手な人間を重用しない

孟獻子《もうけんし》曰《い》わく、馬乗《ばじょう》を畜《やしな》うものは、鶏豚《けいとん》を察《さっ》せず。伐冰《ばっぴょう》の家《いえ》は、牛羊《ぎゅうよう》を畜《やしな》わず。百乗《ひゃくじょう》の家《いえ》は、聚斂《しゅうれん》の臣《しん》を畜《やしな》わず。其《そ》の聚斂《しゅうれん》の臣有《しんあ》らんよりは、寧《むし》ろ盗臣有《とうしんあ》れと。此《これ》を国《くに》は利《り》を以《もっ》て利《り》と為《な》さず、義《ぎ》を以《もっ》て利《り》と為《な》すと謂《い》うなり。

孟獻子は魯《ろ》の人で、立派なことを述べているので、その言葉を引いてきたわけですね。「馬乗」というのは「馬車」のことです。大臣級といいますか、卿大夫になりますと、外出には必ず馬車に乗ることになっていたんですね。孔子も外出するときには馬車に乗りました。それは贅沢というのではなくて、この当時は身分を表すためにしなければならない一つのしきたりになっていたわけです。ですから、「**馬乗《ばじょう》を畜《やしな》うもの**」とは馬車に乗るという身分の高級官吏といったらいいでしょう。

そういう身分の者は「**鶏豚《けいとん》を察《さっ》せず**」ですから、鶏や豚を飼わないほうがいい。これは孟獻子の意見です。高い身分の者が鶏や豚を飼って経費を節約するとか、経済を良くしようと考えるのはいけないというんです。どうしてかというと、鶏を飼うのは鶏を飼う身分の者がいる、豚を飼うのは豚を飼う身分のものがいるからです。そういう者が飼育した鶏や豚を買ってやらなければいけない。それによって、その事業をやっている者の生活が安定するわけですね。

高級官吏が鶏や豚を飼うということは、そういう身分の人たちの生活を脅かすことになると孟獻子は考えたんです。鶏や豚というのは食料になるものですから、自分で飼えば確かに経済生活は良くなります。けれども、お上からちゃんと給料をもらっている人がそういうことをすれば、鶏豚業に従事する人の仕事を奪うことになる。だから、高級官吏はそういうことをやってはならないといっているんです。

次の「**伐氷《ばっぴょう》の家**」の「伐氷」は「氷を切る」ということ。氷を使うのは夏ですけれど、当時は冷蔵庫があったわけではないですから、夏に氷を使うのは大変な身分の家なんですね。よほど身分がよくなければできないことでした。「伐氷の家」とはそういう身分が高い人の家です。「馬乗を畜う」のが車の迎えが来る課長クラスなら、

「伐冰の家」はまさに大臣クラスです。

そういう家では「**牛羊《ぎゅうよう》を畜《やしな》わず**」。このクラスになると牛や羊を消費するわけですね。自分ばかりではなくて家来にも食べさせるんです。けれども、節約だといってそれを家で養ってはならない。そういうみみっちいことをやるべきではないということです。

そして「**百乗《ひゃくじょう》の家《いえ》は、聚斂《しゅうれん》の臣《しん》を畜《やしな》わず**」。この牛羊並みに「聚斂の臣を畜わず」。「聚斂の臣」とは「税金を取り立てる役人」という意味ですけれど、この場合は税金を取り立てるのが上手い人間をいっています。「百乗の家」は「一国の領主」という意味です。百乗とは戦車を百両出すことができるということですから、いわゆる大名ですね。そういう家柄ではもちろん家来が大勢いるわけですけれども、中でも特に税金をうまく取り立ててくる家来を重視するんですね。財産がより多く欲しいから、税金を取り立てることの上手な人間を重く用いるわけです。

しかし、そういうことをしてはならないというのが孟獻子の意見です。そんな聚斂の臣を雇うのならば、むしろ「**盗臣《とうしん》有《あ》れ**」と。「盗臣」というのは泥棒をする家来です。何を泥棒するかというと、自分の主君の公金をごまかして私腹を肥やす。しかし、税金を取り立てるのがうまい家来より、そういう泥棒をする家来がいたほうがまだマシだというわけです。税金を取り立てるのがうまい家来は、自分の財産を盗むような悪い家来よりまだ悪いといっているんです。そのくらい孟獻子は聚斂の臣を軽蔑しているんです。

それはどういうわけか。**「国《くに》は利《り》を以《もっ》て利《り》と為《な》さず、義《ぎ》を以《もっ》て利《り》と為《な》す」**という孟獻子の言葉がその理由を表しています。「国は利を以て利と爲さず」は孟子の逸話から引いた言葉です。

孟子が梁の恵王に見《まみ》えたとき、恵王が「千里を遠しとせずに来《きた》る、亦将《またまさ》に以って吾が国を利することあらんか」と孟子に問いかけます。つまり「吾が国を利するために来てくださったのだろう」といったわけです。この当時は誰もが利を望んだわけですね。ところが、孟子は「義を以て利と爲す」と答えました。

孟獻子の意見は、この孟子の精神そのものです。財産を利とするのではなく、正義に立脚して政治を行うということが、結局、自分にとって一番の利益になるということです。つまり、前の言葉でいえば、「其の財を散ずる」ことによって民が集まって来て、結局それが自分の利益に繋がるということでしょう。それは「義を以て利と爲す」ということになるわけです。

聚斂の臣が税金をたくさん集めてきた。それは「財聚る」ということです。しかし、「財聚れば民散ず」で、結局それは利益に繋がらないわけですね。君子のところに財産が集まってきたのはいいけれど、人民が離れてしまう。それは利とはならないわけでしょう。だから「**利を以て利と為さず**」。そのようにして集めた財産を利益とはしないということです。

むしろ財産を散ずる。これは義です。人民のためを思った正義に立脚したところの行いです。「**義を以て利と為す**」とは、正しい政治こそが本当の利益をもたらすものだといっているんです。

高級官吏が鶏豚を飼えば、それは利益を増す所以《ゆえん》だけれども、それはどちらかといえば鶏豚業に携わる貧民の暮らし向きを一層悪くさせることになる。高級官吏自身から見れば鶏豚を養うことは儲けに繋がるけれども、それによって国民がだめになる。そしてまた、それは自分が怠慢をしているということです。

いやしくも上からちゃんとした俸禄をもらっているならば、それで生活は十分にできるはずです。それなのに私利私欲を満たすような財産を身につけるために働くことは、国家の繁栄には絶対に繋がらない。これは今の世の中でも生きている言葉ですね。教員がアルバイトをするなんていうのもまさにこれです。教員は俸給をちゃんともらっているわけですから、アルバイトするぐらいなら自分の教師としての職務をもっと盛んにすることに力を注ぐべきである。そういうことをいっているわけです。

「盗臣」の「盗」という字の上の部分は「次」という字になっていますけれども、本当は「水」でないといけません。さんずいの「盗」という字が本来です。これは人が口を大きく開いた様子を示しています。そこから水が垂れていく。つまり、よだれを垂らしているわけです。これは物が欲しいことを表しています。下の「皿」は食べ物をいろいろ盛っているものですね。その皿にあるものを見て、よだれを垂らして、食べたくて食べたくてしょうがなくてつまみ食いをする。それを「盗」といいます。だからこれは、さんずいでなければいけないんです。

どうして「次」になったかというと、戦後、当用漢字表を作るときに国語審議会が勝手に「次」にしてしまったんです。

あの国語審議会に集まった人たちは全く漢字について無知なんですね。ですからつまらないことをやっている。たとえば「突」という字は、本来、穴から犬が突然に飛び出したというので穴冠の下に犬という字を書きました（突）。ところが、犬の点なんか取ってもいいだろうというので穴を大きくしてしまった。

しかし、穴を大きくしても突然という意味は出てこないですよね。それを書けば、大にしても突《トツ》と読んでくれるからいいけれども、穴が大きいと書いて突という字になるというのでは教育は成り立たないんです。書くときには点なんか書かなくたっていいですよ。字というものは少々省略してもよろしいけれども、だからといって、その字が正しい字だといわれてしまったら困ってしまいます。点がなくたっていいけれど、犬を書いたら間違いにされてしまうのは恐ろしいことです。穴からふいに犬が出てきたので突然という意味になるんですからね。

それから「戻る」という字も、元の場所に犬が返ってくるところからできたんです（戾）。犬は必ず自分の家に戻ってくる。だから犬を書いたなんです。これを大にすると、戸が大きいということになってしまう。これだとどうして戻るという意味になるのかがわかりません。

今の教育というのは漢字教育をしていませんから、とにかく突という字は穴冠に大と書くという覚え方をします。それでは漢字が覚えられなくて当たり前ですよ。

正義に立脚した政治を行う

国家《こっか》に長《ちょう》として財用《ざいよう》を務《つと》むる者《もの》、必《かなら》ず小人《しょうじん》を自《もち》う。彼之《かれこれ》を善《よ》くすと為《な》す。小人《しょうじん》をして国家《こっか》を為《おさ》め使《し》むれば、菑害並《さいがいなら》び至《いた》る。善者有《よきものあ》りと雖《いえど》も、亦之《またこれ》を如何《いかん》ともする無《な》し。此《これ》を国《くに》は利《り》を以《もっ》て利《り》と為《な》さず、義《ぎ》を以《もっ》て利《り》と為《な》すと謂《い》うなり。

いよいよ最後のところです。

「**国家《こっか》に長《ちょう》として財用《ざいよう》を務《つと》むる者《もの》**」国家に長官として財政にあたる者は、「**必《かなら》ず小人《しょうじん》を自《もち》う**」必ずといっていいぐらい小人を登用している、と。この小人というのは、聚斂の臣のことです。「**彼之《かれこれ》を善《よ》くすと為《な》し**」とは、税金を取り立てるのが上手で財政をうまくやりくりする。そういう者をここでは小人といっているわけですね。
小人を用いると「**彼之を善くす**」。「之を善くす」とは、財政をうまく切り盛りして利益を上げること、あるいは税金を集めてうまく使うということ。そういう小人は事業をうまく起こすようなことがなかなかうまくできる。「**為し**」とは「そう思う」「そういう具合に考える」。そういう具合にうまくできると考えて、その小人をして「**国**《こっ》**家**《か》**を為**《おさ》**め使**《し》**む**」、つまり政治に当たらせる。しかし、そうすると「**菑害並び至る**」災害が次から次とやってくる。

それはなぜかというと、先ほどいったように、これは「財聚れば民散ず」のたとえなんですね。聚斂の臣を重用すれば財産は上手く中央へ集まってくるかもしれないけれども、結局それは国民を虐《しいた》げることに繋がるので、「菑害並び至る」ということになるわけです。

「**善者**《よきもの》**有**《あ》**りと雖**《いえど》**も**」というのは、税金がたくさん集まって財政のやりくりがうまくいく、国家をうまく切り盛りをするのには十分なくらい金が集まってくるのは確かにいいことだけれども、国民に背かれ、次から次へと災害が起こってくる。そして「**亦之**《またこれ》**を如何**《いかん》**ともする無**《な》**し**」もうどうしようもなくなってしまい、手のつけようがないくらい混乱してしまう。

だから「**国《くに》は利《り》を以《もっ》て利《り》と為《な》さず**」、金がうんとあるのがいいということにはならない。それよりも「**義《ぎ》を以《もっ》て利《り》と為《な》す**」、正義に立脚したところの政治が行われるところこそが本当の利益なのだというわけです。

政治というものは小手先の起用じゃだめだということですね。これが孔子の儒学の考え方であり、それがつまり大学の道なんです。

おわりに

石井勲先生の古典に関する初めての著書がこのたび致知出版社によって発行されたことは、この上ない喜びであります。

石井先生は大正八年の甲府の生まれで、大東文化学院高等部ご卒業のあと、戦争に行った後、八王子の方で高等学校・中学校引き続き小学校で勤務をなされていました。その後、大東文化大学で講師を勤め、そののち大東文化大学幼少教育研究所長、それから大東文化大学付属幼稚園長を勤め、石井式国語教育研究会の会長として、主として漢字教育を通して人間教育にあたる活動を行っていました。

そんな折、昭和三十年代半ばに、東洋思想家で、戦後、歴代首相の指南役的存在であった安岡正篤先生が、朝日新聞の投書欄で石井先生の当時の国語教育に関する批判をご覧になって、すぐに石井先生の授業参観に出向かれたそうです。

それを機に石井先生は安岡先生との親交を深められ、高名な数学者である岡潔氏ともご縁を賜りました。岡潔氏は、石井式漢字教育の活動に対して「君のやっていることは実に大事なことだ」と称賛した上で、「漢字は心を磨く道具である」という教訓を送りました。このことが人生を漢字教育に賭ける契機となり、現在でも石井先生の方式で漢字教育を行う幼稚園・保育園・こども園は日本全国で数百にものぼります。

その後、松下政経塾ができた際に、松下幸之助塾長が当時の相談役であった安岡先生に古典の講師を依頼したところ、安岡先生が「古典なら石井勲氏のほうがよかろう」とお答えになり、石井先生は第一期生から数年間、政経塾生に対して連続講座の講師として古典の研修を行われました。

本書は松下政経塾で昭和五七年に第一期生から第三期生に向けて行われた石井先生の『大学』の講義と、昭和六十年夏に第四期生から第六期生に向けた行われた古典集中講義を一書にまとめあげたものであります。石井先生は静かなる巨匠というイメージの方で、大学を卒業したての若い塾生たちに向けて淡々と中国古典を説いておられるのですが、ひとたび塾生の漢字の読み方が意に沿わないと叱りつけるような厳しい指導をなされていました。

その指導を受けた塾生の中から、野田佳彦元総理大臣（第一期生）や高市早苗経済安全保障担当大臣（第五期生）を始め、多くの国会議員、知事などの政治家を輩出しております。野田佳彦氏が総理大臣就任直後の所信表明演説で「政治に求められるのは、いつの世も『正心誠意』の四文字があるのみです」と語ったのも、石井先生の厳しい指導から得た言葉でしょう。

さて本書で取り上げている『大学』は中国古典の中でも最も基礎的なもので、中江藤樹《とうじゅ》や二宮尊徳《そんとく》、石田梅岩《ばいがん》、吉田松陰、西郷南洲を始めとした我が国有数の偉人たちも最初に学んだと伝えられています。また江戸時代の寺子屋や藩校でもまず初めに『大学』の素読を行うということが行われていました。

『大学』本文の読み方は、本来であれば底本を頼りに行うものですが、石井先生は漢字教育者らしく、白文に向かって独自の読み方を行っており、本書でも石井先生が講義の中で読んだままに書き下してあります。まさに江戸時代に多くの藩の復興を手掛けた我が国の代表的偉人である二宮尊徳翁を彷彿とさせる読み方で、国家のリーダーたらしめるための道徳を説いている内容になっています。

私も編集しながら感じましたことは、政治不信が強くなってきたこの時流に、本書がまさに一石を投ずる書であることはまちがいないということです。それのみか、手詰まり感の強い、乱世の時に、本書こそ暗夜を照らす一燈に相当するものと確信いたします。

松下政経塾に眠っていた、国家の未来を照らし出す政治経営の珠玉が、本書を通じて多くの方々に周知され、我が国・日本が再び、人類の繁栄幸福と世界の平和に貢献できる国になることを願ってやみません。

今回の出版にふみきっていただいた藤尾秀昭社長のご英断と、柳澤まり子副社長のご厚配に深く御礼を申し上げます。

令和五年十二月吉日

松下政経塾塾員（二十七期）
幼年国語教育会 理事 杉本哲也

『大学』全文

大学《だいがく》の道《みち》は、明徳《めいとく》を明《あき》らかにするに在《あ》り。民《たみ》を親《あらた》にするに在《あ》り。至善《しぜん》に止《とど》まるに在《あ》り。

止《とど》まることを知《し》って而《しか》る后《のち》に定《さだ》まること有《あ》り。定《さだ》まって而《しか》る后《のち》に能《よ》く静《しず》かなり。静《しず》かにして而《しか》る后《のち》に能《よ》く安《やす》し、安《やす》くして而《しか》る后《のち》に能《よ》く慮《おもんぱか》る。慮《おもんぱか》って而《しか》る后《のち》に能《よ》く得《う》。

物《もの》には本末《ほんまつ》有《あ》り。事《こと》には終始《しゅうし》有《あ》り。先後《せんこう》するところを知《し》れば則《すなわ》ち道《みち》に近《ちか》し。

古《いにしえ》の明徳《めいとく》を天下《てんが》に明《あき》らかにせんと欲《ほっ》する者《もの》は、先《ま》ず其《そ》の国《くに》を治《おさ》む。

其《そ》の国《くに》を治《おさ》めんと欲《ほっ》する者は、先《ま》ず其《そ》の家《いえ》を斉《ととの》う。其《そ》の家《いえ》を斉《ととの》えんと欲《ほっ》する者《もの》は、先《ま》ず其《そ》の身《み》を修《おさ》む。其《そ》の身《み》を修《おさ》めんと欲《ほっ》する者《もの》は、先《ま》ず其《そ》の心を正《ただ》しくす。其《そ》の心を正《ただ》しくせんと欲《ほっ》する者《もの》は、先《ま》ず其《そ》の意《い》を誠《まこと》にす。其《そ》の意《い》を誠《まこと》にせんと欲《ほっ》する者《もの》は、先《ま》ず其《そ》の知《ち》を致《いた》す。知《ち》を致《いた》すは、物《もの》に格《いた》るに在《あ》り。

物格《ものいた》って而《しか》る后《のち》に知至《ちいた》る。知至《ちいた》って而《しか》る后《のち》に意誠《いまこと》なり。意《い》誠《まこと》にして而《しか》る后《のち》に心正《こころただ》し。心正《こころただ》しくして而《しか》る后《のち》に身修《みおさ》まる。身修《みおさ》まって而《しか》る后《のち》に家斉《いえととの》う。家斉《いえととの》って而《しか》る后《のち》に国治《くにおさ》まる。国《くに》治《おさ》まって而《しか》る后《のち》に天下平《てんがたい》らかなり。

天子《てんし》自《よ》り以《もっ》て庶人《しょじん》に至《いた》るまで、壱《いっ》に是《こ》れ皆《みな》身《み》を修《おさ》むるを以《もっ》て本《もと》と為《な》す。其《そ》の本《もと》乱《みだ》れて末治《すえおさ》まる者《もの》は否《あら》ず。其《そ》の厚《あつ》くする所《ところ》の者薄《ものうす》くして、其《そ》の薄《うす》くする所《ところ》の者厚《ものあつ》きこと、未《いま》だ之《こ》れ有《あ》らざるなり。

康誥《こうこう》に曰《い》わく、克《よ》く徳《とく》を明《あき》らかにすと。大甲《たいこう》に曰《い》わく、諟《こ》の天《てん》の明命《めいめい》を顧《かえり》みると。帝典《ていてん》に曰《い》わく、克《よ》く峻徳《しゅんとく》を明《あき》らかにすと。皆《みな》、自《みずか》ら明《あき》らかにするなり。

湯《とう》の盤《ばん》の銘《めい》に曰《い》わく、苟《まこと》に日《ひ》に新《あらた》たに日日《ひび》に新《あらた》たに、又日《またひ》に新《あら》たならんと。

康誥《こうこう》に曰《い》わく新民《しんみん》を作《おこ》すと。

詩《し》に曰《い》わく、周《しゅう》は舊邦《きゅうほう》なりと雖《いえど》も、其《そ》の命維《めいこ》れ新《あら》たなりと。

是《こ》の故《ゆえ》に、君子《くんし》は其《そ》の極《きょく》を用《もち》いざる所無《ところな》し。

詩《し》に云《い》わく、邦畿千里《ほうきせんり》、維《こ》れ民《たみ》の止《とど》まる所《ところ》と。

詩《し》に云《い》わく、緡蠻《めんばん》たる黄鳥《こうちょう》、丘隅《きゅうぐう》に止《とど》まると。

子曰《しい》わく、止《とど》まることに於《お》いて、其《そ》の止《とど》まる所《ところ》を知《し》る。人《ひと》を以《もっ》て鳥《とり》に如《し》かざるべけんや。

詩《し》に云《い》わく。穆穆《ぼくぼく》たる文王《ぶんのう》、於緝熙《ああつぎあきらか》に敬《うやま》い止《とど》まる。人《ひと》の君《きみ》と為《な》っては仁《じん》に止《とど》まり、人《ひと》の臣《しん》と為《な》っては敬《けい》に止《とど》まり、人《ひと》の子《こ》と為《な》っては孝《こう》に止《とど》まり、人《ひと》の父《ちち》と為《な》っては慈《じ》に止《とど》まり、国人《こくじん》と交《まじ》わっては信《しん》に止《とど》まる。
詩《し》に云《い》わく、彼《か》の淇《き》澳《いく》を瞻《み》れば、菉竹《りょくちく》猗猗《いい》たり。斐《ひ》たる君《くん》子《し》有《あ》り、切《き》るが如《ごと》く磋《す》るが如《ごと》く、琢《う》つが如《ごと》く磨《みが》くが如《ごと》し。瑟《しっ》たり僩《かん》たり、赫《かく》たり喧《けん》たり。斐《ひ》たる君子《くんし》有《あ》り、終《つい》に諠《わす》るべからずと。

切《き》るが如《ごと》く磋《す》るが如《ごと》しとは、学《まな》ぶことを道《い》うなり。
琢《う》つが如《ごと》く磨《みが》くが如《ごと》しとは、自《みず》ら修《おさ》むるなり。
瑟《しっ》たり僩《かん》たりとは、恂慄《じゅんりつ》なり。
赫《かく》たり喧《けん》たりとは、威儀《いぎ》なり。
斐《ひ》たる君子《くんし》有《あ》り、終《つい》に諠《わす》るべからずとは、盛徳至善《せいとくしぜん》、民《たみ》の忘《わす》るる能《あた》わざるを道《い》うなり。

詩《し》に云《い》わく、於戯《ああ》前王《ぜんのう》忘《わす》れられずと。君子《くんし》は其《そ》の賢《けん》を賢《けん》として、其《そ》の親《しん》を親《しん》とす、小人《しょうじん》は其《そ》の楽《たの》しみを楽《たの》しみとして、其《そ》の利《り》を利《り》とす。此《ここ》を以《もっ》て世《よ》を没《ぼっ》するも忘《わす》れられざるなり。

子《し》曰《い》わく、訟《うったえ》を聴《き》くこと吾《われ》猶《なお》人《ひと》のごときなり。必《かなら》ずや訟《うったえ》無《な》から使《し》めんかと。

情無《じょうな》き者《もの》は、其《そ》の辞《じ》を尽《つく》すことを得《え》ざらしめ、大《おお》いに民《たみ》の志《こころざし》を畏《おそ》れしむ。此《これ》を本《もと》を知《し》ると謂《い》う。

此《これ》を本《もと》を知《し》ると謂《い》う。此《これ》を知《ち》の至《いた》りと謂《い》うなり。

所謂《いわゆる》其《そ》の意《い》を誠《まこと》にすとは、自《みずか》ら欺《あざむ》くこと毋《な》きなり。

悪臭《あくしゅう》を悪《にく》むが如《ごと》く、好色《こうしょく》を好《この》むが如《ごと》くす。
此《これ》を之《こ》れ自謙《じけん》と謂《い》う。
故《ゆえ》に君子《くんし》は、必《かなら》ず其《そ》の独《ひとり》を慎《つつし》むなり。
小人閒居《しょうじんかんきょ》して不善《ふぜん》を為《な》し、至《いた》らざる所無《ところな》し。
君子《くんし》を見《み》て而《しか》る后《のち》に厭然《えんぜん》として、其《そ》の不善《ふぜん》を揜《おお》いて、其《そ》の善《ぜん》を著《あらわ》す。
人《ひと》の己《おのれ》を視《み》ること、その肺肝《はいかん》を見《み》るが如《ごと》し、然《しか》らば則《すなわ》ち何《なん》の益《えき》かあらん。
此《これ》を中《うち》に誠《まこと》あれば外《そと》に形《あら》わると謂《い》う。
故《ゆえ》に君子《くんし》は必《かなら》ず其《そ》の独《ひとり》を慎《つつし》むなり。

曾子《そうし》曰《いわ》く、十目《じゅうもく》の視《み》る所《ところ》、十手《じっしゅ》の指《ゆび》さす所《ところ》、其《そ》れ厳《げん》なるかな。
富《とみ》は屋《おく》を潤《うるお》し、徳《とく》は身《み》を潤《うるお》す。心広《こころひろ》ければ体胖《たいゆた》かなり。
故《ゆえ》に君子《くんし》は必《かなら》ず其《そ》の意《い》を誠《まこと》にす。
所謂《いわゆる》身《み》を修《おさ》むるは、其《そ》の心《こころ》を正《ただ》しくするに在《あ》りとは、
身《み》忿懥《ふんち》する所《ところ》有《あ》れば、則《すなわ》ち其《そ》の正《ただ》しきを得《え》ず。
恐懼《きょうく》する所《ところ》有《あ》れば、則《すなわ》ち其《そ》の正《ただ》しきを得《え》ず。
好楽《こうらく》する所《ところ》有《あ》れば、則《すなわ》ち其《そ》の正《ただ》しきを得《え》ず。
憂患《ゆうかん》する所《ところ》有《あ》れば、則《すなわ》ち其《そ》の正《ただ》しきを得《え》ず。
心《こころ》焉《ここ》に在《あ》らざれば、視《み》れども見《み》えず、聴《き》けども聞《きこ》えず、食《くら》
えども其《そ》の味《あじ》わいを知《し》らず。

此《これ》を身《み》を修《おさ》むるは、其《そ》の心《こころ》を正《ただ》しくするに在《あ》りと謂《い》う。
所謂《いわゆる》其《そ》の家《いえ》を斉《ととの》うるは、其《そ》の身《み》を修《おさ》むるに在《あ》りとは、人其《ひとそ》の親愛《しんあい》する所《ところ》に之《ゆき》て辟《へき》す。
其《そ》の賤悪《せんお》する所《ところ》に之《ゆき》て辟《へき》す。
其《そ》の畏敬《いけい》する所《ところ》に之《ゆき》て辟《へき》す。
其《そ》の哀矜《あいきょう》する所《ところ》に之《ゆき》て辟《へき》す。
其《そ》の敖惰《ごうだ》する所《ところ》に之《ゆき》て辟《へき》す。
故《ゆえ》に好《この》んで其《そ》の悪《あく》を知《し》り、悪《にく》んで其《そ》の美《び》を知《し》る者《もの》、天下《てんが》に鮮《すく》なし。
故《ゆえ》に諺《ことわざ》に之《こ》れ有《あ》り。曰《い》わく、人其《ひとそ》の子《こ》の悪《あく》を知《し》ること莫《な》く、其《そ》の苗《なえ》の碩《おお》いなるを知《し》ること莫《な》し、と。

此《これ》を身《み》修《おさ》まらざれば、以《もっ》て其《そ》の家《いえ》を斉《ととの》う可《べ》からずと謂《い》う。

所謂《いわゆる》国《くに》を治《おさ》むるには、必《かなら》ず先《ま》ず其《そ》の家《いえ》を斉《ととの》うとは、其《そ》の家《いえ》教《おし》う可《べ》からずして、能《よ》く人《ひと》を教《おし》うる者《もの》之《こ》れ無《な》し。

故《ゆえ》に君子《くんし》は家《いえ》を出《い》でずして、教《おしえ》を国《くに》に成《な》す。

孝《こう》は君《きみ》に事《つか》うる所以《ゆえん》なり。弟《てい》は長《ちょう》に事《つか》うる所以《ゆえん》なり。慈《じ》は衆《しゅう》を使《つか》う所以《ゆえん》なり。

康誥《こうこう》に曰《い》わく、赤子《せきし》を保《たも》つが如《ごと》くすと。心《こころ》誠《まこと》に之《これ》を求《もと》めば、中《あた》らずと雖《いえど》も遠《とお》からず。未《いま》だ子《こ》を養《やしな》うことを学《まな》んで而《しか》る后《のち》に嫁《か》する者《もの》有《あ》らざるなり。

一家《いっか》仁《じん》なれば、一国《いっこく》仁《じん》に興《おこ》り、一家《いっか》譲《じょう》なれば、一国《いっこく》譲《じょう》に興《おこ》り、一人《いちにん》貪戻《どんれい》なれば、一国《いっこく》乱《らん》を作《な》す。其《そ》の機《き》此《かく》の如《ごと》し。此《これ》を一《いち》言事《げんこと》を僨《やぶ》り、一人《いちにん》国《くに》を定《さだ》むと謂《い》う。

堯舜《ぎょうしゅん》は天下《てんが》を帥《ひき》いるに仁《じん》を以《もっ》てして、民之《たみこれ》に従《したが》う。桀紂《けっちゅう》は天下《てんが》を帥《ひき》いるに暴《ぼう》を以《もっ》てして、民之《たみこれ》に従《したが》う。其《そ》の令《れい》する所其《ところそ》の好《この》む所《ところ》に反《はん》しては、民従《たみしたが》わず。是《こ》の故《ゆえ》に君子《くんし》は、諸《これ》を己《おのれ》に有《ゆう》して而《しか》る后《のち》に、諸《これ》を人《ひと》に求《もと》め、諸《これ》を己《おのれ》に無《な》くして而《しか》る后《のち》に、諸《これ》を人《ひと》に非《ひ》とす。身《み》に蔵《ぞう》する所恕《ところじょ》ならずして、能《よ》く諸《これ》を人《ひと》に喩《おし》うる者《もの》、未《いま》だ之《こ》れ有《あ》らざるなり。

故《ゆえ》に国《くに》を治《おさ》むるは、其《そ》の家《いえ》を斉《ととの》うるに在《あ》り。

詩《し》に云《い》わく、桃《もも》の夭夭《ようよう》たる、其《そ》の葉《は》蓁蓁《しんしん》たり。之《こ》の子《こ》于《こ》に帰《とつ》ぐ、其《そ》の家人《かじん》に宜《よろ》しと。其《そ》の家人《かじん》に宜《よろ》しくして而《しか》る后《のち》に、以《もっ》て国人《こくじん》を教《おし》うべし。

詩《し》に云《い》わく、兄《あに》に宜《よろ》しく弟《おとうと》に宜《よろ》しと。兄《あに》に宜《よろ》しく弟《おとうと》に宜《よろ》しくして而《しか》る后《のち》に、以《もっ》て国人《こくじん》を教《おし》う可《べ》し。

詩《し》に云《い》わく、其《そ》の儀《ぎ》忒《たが》わず、是《こ》の四国《しこく》を正《ただ》すと。其《そ》の父子《ふし》兄弟《けいてい》として、法《のっと》るに足《た》りて而《しか》る后《のち》に、民之《たみこれ》に法《のっと》るなり。

此《これ》を国《くに》を治《おさ》むるは、其《そ》の家《いえ》を斉《ととの》うるに在《あ》りと謂《い》う。

所謂天下《いわゆるてんが》を平《たい》らかにするは、其《そ》の国《くに》を治《おさ》むるに在《あ》りとは、上《かみ》老《ろう》を老《ろう》として民孝《たみこう》に興《おこ》り、上長《かみちょう》を長《ちょう》として民弟《たみてい》に興《おこ》り、上孤《かみこ》を恤《あわれ》んで民倍《たみそむ》かず。是《ここ》を以《もっ》て君子《くんし》に絜矩《けっく》の道《みち》有《あ》るなり。

上《かみ》に悪《にく》む所《ところ》を以《もっ》て下《しも》に使《つか》うこと毋《なか》れ。下《しも》に悪《にく》む所《ところ》を以《もっ》て上《かみ》に事《つか》うること毋《なか》れ。前《まえ》に悪《にく》む所《ところ》を以《もっ》て後《うしろ》に先《さき》んずること毋《なか》れ。後《うしろ》に悪《にく》む所《ところ》を以《もっ》て前《まえ》に従《したが》うこと毋《なか》れ。右《みぎ》に悪《にく》む所《ところ》を以《もっ》て左《ひだり》に交《まじ》わること毋《なか》れ。左《ひだり》に悪《にく》む所《ところ》を以《もっ》て右《みぎ》に交《まじ》わること毋《なか》れ。

此《これ》を之《こ》れ絜矩《けっく》の道《みち》と謂《い》う。

詩《し》に云《い》わく、楽只《たのし》める君子《くんし》は民《たみ》の父母《ふぼ》と。民《たみ》の好《この》む所之《ところこれ》を好《この》み、民《たみ》の悪《にく》む所之《ところこれ》を悪《にく》む。此《これ》を之《こ》れ民《たみ》の父母《ふぼ》と謂《い》う。

詩《し》に云《い》わく、節《せっ》たる彼《か》の南山《なんざん》、維《こ》れ石巌巌《いしがんがん》たり。赫赫《かくかく》たる師《し》尹《いん》、民具《たみとも》に爾《なんじ》を瞻《み》ると。国《くに》を有《たも》つ者《もの》は以《もっ》て慎《つつし》まざる可《べ》からず。辟《へき》すれば則《すなわ》ち天下《てんが》の僇《りく》となる。

詩《し》に云《い》わく、殷《いん》の未《いま》だ師《し》を喪《ほろぼ》さざる、克《よ》く上帝《じょうてい》に配《はい》す。儀《よろ》しく殷《いん》に監《かんが》みるべし、峻命易《しゅんめいやす》からずと。衆《しゅう》を得《う》れば則《すなわ》ち国《くに》を得《え》、衆《しゅう》を失《うしな》えば則《すなわ》ち国《くに》を失《うしな》うを道《い》う。

是《こ》の故《ゆえ》に君子《くんし》は先《ま》ず徳《とく》に慎《つつし》む。徳有《とくあ》れば此《ここ》に人有《ひとあ》り、人有《ひとあ》れば此《ここ》に土《と》有《あ》り、土《と》有《あ》れば此《ここ》に財《ざい》有《あ》り、財《ざい》有《あ》れば此《ここ》に用《よう》有《あ》り。徳《とく》は本《もと》なり。財《ざい》は末《すえ》なり。

本《もと》を外《そと》にし末《すえ》を内《うち》にすれば、民《たみ》を争《あらそ》わしめ奪《うば》うことを施《ほどこ》す。

是《こ》の故《ゆえ》に財《ざい》聚《あつま》れば則《すなわ》ち民《たみ》散《さん》じ、財《ざい》散《さん》ずれば則《すなわ》ち民《たみ》聚《あつ》まる。

是《こ》の故《ゆえ》に言《げん》悖《もと》りて出《い》ずる者は、亦《また》悖《もと》りて入《い》る。貨《か》悖《もと》りて入《い》る者は、亦《また》悖《もと》りて出《い》ず。

康誥《こうこう》に曰《い》わく、惟《こ》れ命《めい》常《つね》に于《おい》てせずと。善《ぜん》なれば則《すなわ》ち之《これ》を得《え》、不善《ふぜん》なれば則《すなわ》ち之《これ》を失《うしな》うを道《い》う。

楚書《そしょ》に曰《い》わく、楚国《そこく》は以《もっ》て宝《たから》と為《な》すこと無《な》し、惟善以《ただぜんもっ》て宝《たから》と為《な》すと。

舅犯《きゅうはん》曰《い》わく、亡人以《ぼうじんもっ》て宝《たから》と為《な》すもの無《な》し、仁親以《じんしんもっ》て宝《たから》と為《な》すと。

秦誓《しんせい》に曰《い》わく、若《も》し一个《いっこ》の臣有《しんあ》らんに、断断《だんだん》として他《た》の技《ぎ》無《な》し、其《そ》の心休休《こころきゅうきゅう》として、其《そ》れ容《い》るる有《あ》るが如《ごと》し。人《ひと》の技有《ぎあ》る、己《おのれ》に之《こ》れ有《あ》るが若《ごと》くし、人《ひと》の彦聖《げんせい》なる其《そ》の心《こころ》に之《これ》を好《よ》みす、啻《ただ》に其《そ》の口《くち》より出《い》だすが若《ごと》くなるのみならず、寔《まこと》に能《よ》く之《これ》を容《い》る。以《もっ》て能《よ》く我《わ》が子孫《しそん》を保《たも》つ、黎民尚亦利《れいみんなおまたり》ある哉《かな》。人《ひと》の技有《ぎあ》る、媢疾《ぼうしつ》して以《もっ》て之《これ》を悪《にく》み、人《ひと》の彦聖《げんせい》なる、之《これ》に違《たが》いて通《つう》ぜざら俾《し》む。寔《まこと》に容《い》るる能《あた》わず。以《もっ》て我《わ》が子孫《しそん》を保《たも》つこと能《あた》わず、黎民《れいみん》亦曰《またここ》に殆《あやう》い哉《かな》と。

唯仁人《ただじんじん》のみ之《これ》を放流《ほうりゅう》し、諸《これ》を四夷《しい》に迸《しりぞ》け、與《とも》に中国《ちゅうごく》を同《おな》じくせず。此《これ》を唯仁人《ただじんじん》のみ能《よ》く人《ひと》を愛《あい》し、能《よ》く人《ひと》を悪《にく》むと為《な》すと謂《い》う。

賢《けん》を見《み》て挙《あ》ぐること能《あた》わず、挙《あ》げて先《さき》んずること能《あた》わざるは命《おこたり》なり。不善《ふぜん》を見《み》て退《しりぞ》くること能《あた》わず、退《しりぞ》けて遠《とお》ざくる能《あた》わざるは過《あやま》ちなり。

人《ひと》の悪《にく》む所《ところ》を好《この》み、人《ひと》の好《この》む所《ところ》を悪《にく》む、是《これ》を人《ひと》の性《せい》に拂《もと》ると謂《い》う。菑《わざわい》必《かなら》ず夫《そ》の身《み》に逮《およ》ばん。

是《こ》の故《ゆえ》に君子《くんし》に大道有《たいどうあ》り。必《かなら》ず忠信以《ちゅうしんもっ》て之《これ》を得《え》、驕泰以《きょうたいもっ》て之《これ》を失《うしな》う。

財《ざい》を生《しょう》ずるに大道《たいどう》有《あ》り。之《これ》を生《しょう》ずる者衆《ものおお》く、之《これ》を食《しょく》する者寡《ものすく》なく、之《これ》を為《つく》る者疾《ものはや》くして、之《これ》を用《もち》うる者舒《ものゆるやか》なれば、則《すなわ》ち財《ざい》恒《つね》に足《た》る。

仁者《じんしゃ》は財《ざい》を以《もっ》て身《み》を発《おこ》し、不仁者《ふじんしゃ》は身《み》を以《もっ》て財《ざい》を発《おこ》す。

未《いま》だ上仁《かみじん》を好《この》みて、下義《しもぎ》を好《この》まざる者有《ものあ》らざるなり。未《いま》だ義《ぎ》を好《この》みて、其《そ》の事終《ことおわ》らざる者有《ものあ》らざるなり。未《いま》だ府庫《ふこ》の財《ざい》、其《そ》の財《ざい》に非《あら》ざる者有《ものあ》らざるなり。

孟獻子《もうけんし》曰《い》わく、馬乗《ばじょう》を畜《やしな》うものは、鶏豚《けいとん》を察《さっ》せず。伐冰《ばっぴょう》の家《いえ》は、牛羊《ぎゅうよう》を畜《やしな》わず。百乗《ひゃくじょう》の家《いえ》は、聚斂《しゅうれん》の臣《しん》を畜《やしな》わず。其《そ》の聚斂《しゅうれん》の臣有《しんあ》らんよりは、寧《むし》ろ盗臣有《とうしんあ》れと。此《これ》を国《くに》は利《り》を以《もっ》て利《り》と為《な》さず、義《ぎ》を以《もっ》て利《り》と為《な》すと謂《い》うなり。国家《こっか》に長《ちょう》として財用《ざいよう》を務《つと》むる者《もの》、必《かなら》ず小人《しょうじん》を自《もち》う。彼之《かれこれ》を善《よ》くすと為《な》す。小人《しょうじん》をして国家《こっか》を為《おさ》め使《し》むれば、菑《さい》害並《がいなら》び至《いた》る。善者有《よきものあ》りと雖《いえど》も、亦之《またこれ》を如何《いかん》ともする無《な》し。此《これ》を国《くに》は利《り》を以《もっ》て利《り》と為《な》さず、義《ぎ》を以《もっ》て利《り》と為《な》すと謂《い》うなり。

〈著者紹介〉

石井 勲（いしい・いさお）

1919（大正8）年山梨県生まれ。大東文化学院（現・大東文化大学）卒業後、応召。戦後、高等学校教諭として初めて教壇に立つ。その後、中・小学校の教諭を務める。小学校教諭時代に石井式漢字教育指導法を次々と発表。1970年以降、大東文化大学幼少教育研究所所長、同大学付属幼稚園青桐幼稚園園長、松下政経塾講師、石井式国語教育研究会会長、國語問題協議會副会長、日本漢字教育振興協會理事長などを歴任。1973年第6回世界人類能力開発会議（グレンドーマン博士主催）で金賞受賞。1989年、第37回菊池寛賞受賞。2004年逝去。『幼児はみんな天才』『漢字興国論』（ともに日本教文社）『0歳から始める脳内開発』（蔵書房）。『頭がいい親の3歳からの子育て』『石井方式　幼児のための日本語塾』（登龍館）など著書多数。

はじめて読む人の「大学」講座

令和六年一月二十五日第一刷発行

著者　石井　勲

発行者　藤尾　秀昭

発行所　致知出版社

〒150-0001東京都渋谷区神宮前四の二十四の九

TEL（〇三）三七九六―二一一一

印刷・製本　中央精版印刷

落丁・乱丁はお取替え致します。　（検印廃止）

ISBN978－4－8009－1300－5 C0095

ホームページ　https://www.chichi.co.jp

Eメール　books@chichi.co.jp